Wegweiser für Consumvereine

zur

Anwendung des Genossenschafts-Gesetzes
vom 1. Mai 1889.

Musterstatuten mit Begründung und Erläuterungen.

Von

Dr. Fritz Schneider,
Mitglied des Reichstages.

Berlin.
J. Guttentag, Verlagsbuchhandlung.
1894.

Inhalt.

Einleitung.

Das Wirthschaftsleben in unserem Vaterlande ist zur Zeit beherrscht von Interessengegensätzen, die schon manche betrübende und für die Zukunft besorgnißerregende Erscheinungen auf politischem und sozialem Gebiete gezeitigt haben. Mehr und mehr verschärfen sich diese Gegensätze zu einer Interessen*hetze*. Berufsklassen, die darauf angewiesen sind, zu ihrem eigenen Wohl und zum Wohl der Gesammtheit Hand in Hand mit einander zu arbeiten, die ihre Aufgabe darin finden sollten, jede in friedlichem Wettbewerb mit der anderen das Beste zu leisten, was in ihren Kräften steht, und den anderen die gleiche Luft und das gleiche Licht zu gönnen wie sich selbst, feinden sich gegenseitig an und streben in unberechtigter Selbstsucht danach, im *Wege der Gesetzgebung* sich besondere Vortheile zu verschaffen, jede unbequeme Konkurrenz zu beseitigen, um sich einen „Schutz" ihrer „nationalen Arbeit" zu sichern. Solchen Schutz aber kann die Gesetzgebung oft nur gewähren zum Schaden und auf Kosten anderer Klassen, die in Wahrheit schutzbedürftiger sind, als die, die am lautesten danach schreien. Namentlich sind es die sogenannten produktiven Stände und zwar die Arbeitgeber derselben, welche eine Berücksichtigung verlangen, die nur unter der Voraussetzung berechtigt wäre, daß die Produktion Selbstzweck und nicht vielmehr Mittel zu dem Zwecke wäre, für die Consumtion der Menschen die wirthschaftlichen Güter möglichst vollkommen und billig zu erzeugen. Reichliche Ernten und niedrige Getreidepreise, die natürlich Hand in Hand gehen, und die man sonst nicht allein im Interesse der breiten Masse der Consumenten, sondern auch im Interesse der Produzenten selbst für ein Glück zu halten pflegte, werden jetzt in gewissen Kreisen als ein Unglück der Landwirthschaft beklagt. Einseitig weist man nur auf die niedrigen Preise hin, ohne in Rechnung zu ziehen die größere Menge des geernteten Getreides, die dem Landwirth trotz der niedrigeren Preise auf den Zentner eine größere Gesammteinnahme gewährleistet. Für nichts achtet man in jenen Kreisen den Vortheil, der der großen Masse der Consumenten und auch der Industrie dadurch zu gute kommt, daß die Kaufkraft des Geldes gesteigert wird, indem das, was für Brod weniger ausgegeben zu werden braucht, für andere Bedürfnisse verfügbar wird.

Das schlechte Beispiel, das aus den Kreisen der bemittelteren Produzenten gegeben wird, indem dieselben an der Besserung ihrer wirthschaftlichen Lage durch eigene Kraft zu verzweifeln und nur noch vom Eingreifen des Staats Rettung zu erwarten scheinen, wirkt selbstverständlich ansteckend auf die unbemittelten

Klassen, die sich nach ihren ökonomischen Verhältnissen für besser legitimirt erachten, die Hilfe des Staats für sich in Anspruch zu nehmen. Nachdem die immer weiter ausgedehnte Zwangsversicherung für Krankheit, Alter und Invalidität die unbemittelten Klassen gezwungen hat, bestimmte Ersparnisse für gesetzlich vorgeschriebene Zwecke zu verwenden, und nachdem für Erreichung dieser Zwecke zum Theile auch noch ein Reichszuschuß gewährt wird, entwöhnen sich diese Klassen immer mehr, in der Selbsthilfe ihr Heil zu suchen.

Solche Strömungen sind natürlich Vereinen nicht günstig, die wie die Consumvereine eine Ausgleichung der Interessengegensätze erstreben, die allen den Beitritt offen halten, gleichviel, welchem Beruf sie angehören, wenn sie nur in gemeinsamer genossenschaftlicher Thätigkeit auf dem Wege wirthschaftlicher Selbstverwaltung, ohne irgend welche materielle Hilfe vom Staat oder Reich zu verlangen, ihren Consum nach gesunden wirthschaftlichen Grundsätzen ordnen und möglich vortheilhaft gestalten wollen.

So haben manche ungünstige Umstände zusammengewirkt, die einen Rückgang der Consumvereine hätten herbeiführen können. Wenn derselbe trotzdem, wie wir sogleich sehen werden, nicht eingetreten ist, so ist dies namentlich der Agitation der Gegner der Consumvereine, die mehr und mehr die allgemeine Aufmerksamkeit auf dieselben gelenkt, ihnen neue Kräfte zugeführt hat, sowie der Ueberzeugung weiter Kreise zu verdanken, daß gegenüber der Vertheuerung wichtiger Consumartikel durch die Zollgesetzgebung es um so nothwendiger für die Consumenten sei, durch sachgemäße Organisation diese Vertheuerung wenigstens einigermaßen wieder auszugleichen, unberechtigte Gewinne des Zwischenhandels zu beseitigen.

Zum Theil hat auch — in den letzten Jahren — das neue Genossenschafts-Gesetz die Ausbreitung der Consumvereine erleichtert. Wie sich dieselben aber seit Veröffentlichung meines „Taschenbuchs für Consumvereine", Leipzig, bei E. Keil, 1883, entwickelt haben, dafür werden einige Zahlen als Beweis genügen. Die Zahl der bekannten Consumvereine betrug nach der Statistik des Deutschen Genossenschaftsverbandes für 1882 621 und ist nach der letzten Verbandsstatistik bis Ende Mai 1893 auf 1285 gestiegen, hat sich also mehr als verdoppelt. Ende 1882 hatten 182 Consumvereine nach den von ihnen eingereichten Abschlüssen 130089 Mitglieder mit 3352568 ℳ Geschäftsguthaben und 1323434 ℳ Reserven und erzielten im Jahre 1882 einen Verkaufserlös von 33603799 ℳ, während 1892 von 344 Vereinen Abschlüsse vorlagen, die 243529 Mitglieder mit 4804616 ℳ Geschäftsguthaben, 2473992 ℳ Reserven und einen Verkaufserlös von 67200569 ℳ aufweisen. Als Dividende nach Höhe der Waarenentnahme wurden vertheilt für 1882: 2050881 ℳ, für 1892: 5496919 ℳ, abgesehen von dem, was außerdem als Kapitaldividende auf die Geschäftsguthaben gewährt, oder dem Reservefonds überwiesen oder zu Bildungszwecken verwendet wurde. Die Mitglieder waren nach der besonderen darüber aufgenommenen Statistik immer mehr als zur Hälfte „Arbeiter“ im engeren Sinne, Ende 1882: 52,1 pCt., Ende 1892: 56,7 pCt. der ganzen Mitgliedschaft. Nächst den Arbeitern waren am zahlreichsten vertreten die selbstständigen Handwerker, die danach offenbar nicht der Meinung sind, an den Consumvereinen zu Grunde zu gehen. — Diese wenigen Zahlen sprechen deutlich genug.

Trotz der Fortschritte aber, die die Consumvereinsbewegung hiernach gemacht hat, haben die Grundsätze, nach denen die Vereine ihre Geschäfte führen, bezw. führen sollen, keine wesentliche Aenderung erfahren; die in meinem „Taschenbuch“ hierzu gegebenen Rathschläge bedürfen daher auch keiner Berichtigung. Dagegen hat das Genossenschafts-Gesetz vom 1. Mai 1889 die rechtliche Grundlage gerade der Consumvereine stark beeinflußt; die Vereine müssen ihre Statuten mit den neuen gesetzlichen Anforderungen in Einklang bringen, und das ist bei dem Umfang des fraglichen Gesetzes, namentlich für neu sich bildende Vereine, eine unlösbare Aufgabe, wenn sie nicht ein anderes Statut als Grundlage benutzen können.

Das in meinem „Taschenbuch“ veröffentlichte und ausführlich erläuterte Musterstatut eignet sich hierzu nicht, weil es noch auf dem Genossenschafts-Gesetz vom 4. Juli 1868 beruht; und so ist es nur zu natürlich, daß neue Vereine das Statut eines älteren Vereins, das sie aus diesem Grunde meinen für durch die Erfahrung bewährt halten zu dürfen, abschreiben, unbekümmert um die Mängel, die sie in demselben mit übernehmen. Und selbst die Benutzung eines auf Grund des neuen Genossenschafts-Gesetzes ausgearbeiteten empfehlenswerthen Musterstatuts für sich allein ist nicht ohne Bedenken, wenn demselben nicht eine Begründung beigefügt ist, aus der die Vereine ersehen können, inwieweit seine einzelnen Vorschriften nothwendig, nach dem Gesetz nicht zu vermeiden sind, auch wenn sie bisweilen unbequem sein mögen, oder inwieweit sie zweckmäßig oder endlich gleichgiltig sind, so daß sich je nach den örtlichen Verhältnissen eine Aenderung empfehlen kann. Denn nur selten wird ein Musterstatut wörtlich für einen Verein annehmbar sein, wenn man nicht etwa, wie es leider bisweilen bei den Genossenschaften geschieht, das Statut nur annimmt, weil man doch ein Statut haben muß, und dann die Einrichtungen beliebig anders gestaltet, als dort vorgesehen ist.

Es sind deshalb den in den folgenden Abschnitten veröffentlichten Musterstatuten nebst den für die verschiedenen Haftarten nothwendigen Abänderungen Motive beigefügt, die, weil zum vollen Verständniß der einzelnen Bestimmungen nothwendig, der sorgfältigen Prüfung des Lesers empfohlen werden müssen. In vielen Fällen war dabei auf mein „Taschenbuch" zu verweisen, das durch diese Schrift nicht sowohl ersetzt, als vielmehr ergänzt werden soll.

I.

Die Unterstellung neuer Vereine unter das Genossenschafts-Gesetz.

Die Zahl der nicht eingetragenen Consumvereine hat sich nach der Verbandsstatistik vom Mai 1892 zu 1893 von 142 auf 113 vermindert, und zum Theil ist diese Verminderung jedenfalls dem Umstande zuzuschreiben, daß manche nicht eingetragene Consumvereine sich nunmehr dem Genoss.-Ges. unterstellt haben. Das ist nicht zu verwundern. Vereine, deren Mitglieder nach Tausenden zählen, haben bei Unterstellung unter das Genoss.-Ges. allerdings mit erheblichen Schwierigkeiten zu kämpfen, die um so schwerer zu überwinden sind, je größer die Mitgliederzahl ist. Ebenso werden die wenigen Vereine, die noch auf den Verkauf an Nichtmitglieder meinen Gewicht legen zu sollen, wegen § 8 Abs. 4 des Genoss.-Ges. von ihrer Eintragung natürlich Abstand nehmen. Sonst aber sind die Vortheile, welche der Rechtsschutz des Genoss.-Ges. gewährt, namentlich seitdem die beschränkte Haftpflicht zugelassen ist, so augenfällig, daß viele Vereine wahrscheinlich nur durch eine gewisse Trägheit, oder weil sie nicht wissen, wie sie ihre Eintragung herbeizuführen haben, veranlaßt worden sind, in dem bisherigen Zustande zu verharren.

Das Genoss.=Ges. vom 1. Mai 1889 enthält keine Vorschriften über die Umwandlung einer nichteingetragenen Genossenschaft, die bisher keine handelsrechtlich sanktionirte Form gehabt hat, in eine eingetragene Genossenschaft nach Maßgabe dieses Gesetzes. Wenn man aber berücksichtigt, daß, gleichviel, welche Haft bei dieser Umwandlung angenommen wird, die bisherigen Verbindlichkeiten der Mitglieder dadurch mehr oder weniger geändert werden, und daß kein Mitglied gezwungen werden kann, eine solche Aenderung mitzumachen, wird man zu dem Schluß kommen, der auch durch ein Erkenntniß des Reichsgerichts bestätigt wird, daß diese Umwandelung gleichbedeutend ist mit der Gründung einer neuen Genossenschaft. Wir werden sogleich sehen, wie bei einer solchen Gründung zu verfahren ist.

Nur in einem Punkte, der geschäftlich von Bedeutung ist, ergiebt sich allerdings ein Unterschied, der bei der Konstituirung berücksichtigt werden muß. Die Eintragung ins Genossenschaftsregister hat ja doch den Zweck, den bisherigen Verein in seiner Entwicklung zu fördern. Der neue Verein will daher selbstverständlich seinen Zusammenhang mit dem bisher bestehenden gewahrt sehen, indem er seine Aktiva und Passiva übernimmt, das Geschäft des alten Vereins fortsetzt. Um hierüber zu einer klaren, rechtliche Bedenken soweit möglich ausschließenden Auseinandersetzung zu kommen, wird es sich empfehlen, die Unterstellung unter das Genoss.=Ges. auf das Ende des Geschäftsjahres zu legen und die den neuen Verein konstituirende Generalversammlung den Beschluß fassen zu lassen, daß die neue Genossenschaft die Aktiva und Passiva des alten Vereins, wie sie sich auf diesen Tag ergeben, übernimmt zugleich mit der Verpflichtung, denjenigen bisherigen Mitgliedern, die dem neuen Verein nicht beitreten wollen, das auf sie entfallende Geschäftsguthaben mit Gewinn nach Maßgabe der Bilanz und der Vorschriften des alten Statuts baar auszuzahlen. Sollten irgend welche Gläubiger auf diesen Wechsel in der Person ihres Schuldners oder ihrer Schuldner nicht eingehen wollen, so würden dieselben alsbald zu befriedigen sein.

Vor Gründung eines neuen Vereins müssen sich die Genossen vor allen Dingen darüber schlüssig machen, ob sie sich mit „unbeschränkter Haftpflicht", mit „unbeschränkter Nachschußpflicht" oder mit „beschränkter Haftpflicht" konstituiren wollen. Je nachdem ihre Entscheidung fällt, werden sie das eine oder andere der in den Abschnitten III bis V folgenden Musterstatuten als Grundlage für ihr Statut annehmen.

Die bisherige Erfahrung läßt erwarten, daß für die Consumvereine die „beschränkte Haftpflicht" mehr und mehr die Regel werden wird. Denn nach der Verbandsstatistik bestanden Consumvereine

<table>
<tr><th></th><th>1890</th><th>1891</th><th>1892</th></tr>
<tr><td>nicht eingetragene</td><td rowspan="2">715</td><td>142</td><td>113</td></tr>
<tr><td>mit unbeschränkter Haftpflicht nach Gesetz vom 1. Mai 1889</td><td>506</td><td>485</td></tr>
<tr><td>mit unbeschränkter Nachschußpflicht nach Gesetz vom 1. Mai 1889</td><td>4</td><td>5</td><td>6</td></tr>
<tr><td>mit beschränkter Haftpflicht nach Gesetz vom 1. Mai 1889</td><td>265</td><td>469</td><td>679</td></tr>
</table>

Die Zahl der Consumvereine mit unbeschränkter Haftpflicht nimmt langsam ab, während die Zahl der Consumvereine mit beschränkter Haftpflicht schnell zunimmt, beides hängt zusammen: neue Vereine beginnen in der Regel ihre Thätigkeit mit der beschränkten Haftpflicht, und die älteren

Vereine, die auf der Grundlage der unbeschränkten Haftpflicht groß geworden sind, überzeugen sich mehr und mehr, daß sie derselben nicht mehr bedürfen, ja daß der Uebergang zur beschränkten Haftpflicht ihnen die Aussicht auf einen Zuwachs an Mitgliedern aus Kreisen eröffnet, die sich bisher wegen der Strenge der Haft von den Consumvereinen fern gehalten haben, und vollziehen deshalb nach und nach ihre Umwandlung in Genossenschaften mit beschränkter Haftpflicht.

Diese Entwicklung kann nicht überraschen. Aus den Reihen der Consumvereine kamen zuerst die Bestrebungen, die Haftpflicht, wie sie das Genoss.-Ges. vom 4. Juli 1868 geordnet hatte, zu mildern. Um die Bedürfnisse des täglichen Lebens wie Brot, Butter, Kaffee, Zucker u. s. w. sich billiger und besser zu beschaffen, als es bisher durch den Kleinhandel geschehen war, sich solidarisch mit seinem ganzen Vermögen zu verpflichten, erschien hart und ist mit Recht als eine Verschwendung wirthschaftlicher Kraft bezeichnet worden. Aber es herrschte lange Unklarheit, was an die Stelle der unbeschränkten Solidarhaft treten solle; die Kapitalhaft der Aktiengesellschaft dafür einführen zu wollen, mußte Schulze-Delitzsch entschieden bekämpfen, weil es dazu gerade bei Consumvereinen am meisten an dem nöthigen Haftkapital fehlte. Die beschränkte Vermögenshaft des neuen Genoss.-Ges., die innerhalb der gesetzlich und statutarisch gezogenen Grenze auch eine solidarische ist, eröffnete hier einen Weg, der sich den Bedürfnissen der Consumvereine trefflich anpassen ließ, und der daher mehr und mehr beschritten wird. Um jedoch den Vereinen eine Uebersicht über die Merkmale der verschiedenen Arten eingetragener Genossenschaften zu geben, nach der sie sich dann für die eine oder andere entscheiden mögen, fassen wir die wesentlichen Bestimmungen des neuen Genoss.-Ges. hierüber nachstehend zusammen:

1. In den „eingetragenen Genossenschaften mit unbeschränkter Haftpflicht" haften die einzelnen Mitglieder (Genossen) für die Verbindlichkeiten der Genossenschaft dieser sowie unmittelbar den Gläubigern derselben mit ihrem ganzen Vermögen; das ist die Haftpflicht, wie sie nach dem früheren Genoss.-Ges. für alle Genossenschaften galt, nur daß jetzt die Geltendmachung der Haftpflicht sowohl im Interesse der Gläubiger wie der Genossen besser geordnet ist;
2. in der „eingetragenen Genossenschaft mit unbeschränkter Nachschußpflicht" sind die Genossen zwar mit ihrem ganzen Vermögen, aber nicht unmittelbar den Gläubigern der Genossenschaft verhaftet, vielmehr nur verpflichtet, der letzteren die zur Befriedigung der Gläubiger erforderlichen Nachschüsse zu leisten; bei diesen Genossenschaften fällt der Einzelangriff der Gläubiger auf die einzelnen Genossen im Falle des Konkurses weg — ein an sich durchaus zu billigender Grundsatz —, indem aber andererseits im Falle des Konkurses die innerhalb der letzten 18 Monate vorher ausgeschiedenen Genossen die ganze Restforderung der Gläubiger — gleichviel ob die Verbindlichkeiten vor oder nach dem Ausscheiden des einzelnen eingegangen sind — im Umlageverfahren bezahlen sollen, liegt darin eine ernste Gefahr für die bei dem starken Wechsel der Mitgliedschaft in den Consumvereinen verhältnißmäßig große Zahl ausgeschiedener Genossen, die die Anwendung dieser Haft sehr beschränkt;

3. in der „eingetragenen Genossenschaft mit beschränkter Haftpflicht“ ist die Haftpflicht der Genossen für die Verbindlichkeiten der Genossenschaft sowohl dieser wie unmittelbar den Gläubigern gegenüber im Voraus auf eine bestimmte Summe beschränkt. Diese Summe ist die „Haftsumme“, die die Genossenschaft nach ihren Bedürfnissen beliebig hoch festsetzen kann, und die nur nicht niedriger bestimmt werden darf, als der von den Genossen außerdem anzusammelnde Geschäftsantheil, und die sich, wenn den einzelnen Genossen der Erwerb mehrer Geschäftsantheile gestattet ist, sich mit der Zahl der Geschäftsantheile des Genossen entsprechend vervielfacht.

Wenn für neue Creditgenossenschaften die „beschränkte Haftpflicht“ deshalb bedenklich ist, weil es ihnen schwerer werden wird, auf Grund derselben das zur Befriedigung des Creditbedürfnisses der Mitglieder nothwendige fremde Kapital heranzuziehen, so fällt dieses Bedenken bei Consumvereinen wenig ins Gewicht. Der schnelle Umschlag des Betriebskapitals ermöglicht es den Consumvereinen mit einem kleinen Kapital einen verhältnißmäßig großen Umsatz zu erzielen, so daß sie außer den Einzahlungen auf Geschäftsguthaben und den bei gutem Geschäftsgang sich schnell in der Kasse ansammelnden Gewinnen nur wenig Betriebskapital nöthig haben, das ihnen auch bei beschränkter Haftpflicht die Mitglieder als Spareinlagen oder die Lieferanten in Form von Waarencrediten zur Verfügung stellen werden. Waarencredite sind ja natürlich nur so lange zu benutzen, als zur baaren Bezahlung der Waaren die Mittel noch nicht ausreichen, daß sie aber den Vereinen eher entzogen werden sollten, als sie selbst darauf verzichten, ist nicht zu befürchten, wenn nur die Verwaltung in guten Händen ist.

Wie übrigens bei Gründung eines neuen Consumvereins zu verfahren ist, ergiebt sich aus der Natur der Verhältnisse und den gesetzlichen Vorschriften:

I. Die Einladung zur konstituirenden Generalversammlung wird mit einer Frist von mindestens 8 Tagen in demjenigen Blatte zu veröffentlichen sein, welches zu den Bekanntmachungen des Vereins bestimmt werden soll. Dies ist auch zu beobachten, wenn ein nicht eingetragener Verein sich unter das Genoss.-Ges. stellen will und nach seinem bisherigen Statut für die Berufung der Generalversammlung eine kürzere als 8tägige Frist oder ein anderes öffentliches Blatt bestimmt wird. In letzterem Falle wird die Berufung sowohl durch das nach dem alten Statut als durch das im neuen Statut bestimmte Blatt zu erfolgen haben.

II. Diejenigen, welche die Vorbereitung der Genossenschaft in die Hand genommen haben, veranlassen die Einladung und lassen sie von ihrem Vorsitzenden als „Vorsitzenden des Gründungsausschusses" unterzeichnen; dieser Vorsitzende leitet auch die erste Generalversammlung und ernennt den Schriftführer für dieselbe. Wenn dieser Vorsitzende der nachher zu wählende Vorsitzende des Aufsichtsraths ist, um so besser; bei Unterstellung eines schon bestehenden Consumvereins unter das Genoss.-Ges. wird in der Regel ein Aufsichtsrath und ein Vorsitzender desselben schon vorhanden sein, deren Wiederwahl für die eingetragene Genossenschaft zu erwarten steht, und die deshalb die gegebenen Personen für Gründung und Leitung der konstituirenden Generalversammlung sind.

III. In der Generalversammlung wird zuerst das Statut verlesen und angenommen und von den Anwesenden (in zwei Exemplaren) unterzeichnet; demnächst erfolgt die Wahl des Aufsichtsraths unter Beobachtung der statutarischen Vorschriften (vergl. weiter unten S. 33, § 23, S. 40, 41, § 43 Abs. 2 und 3); dann wird die Versammlung auf einige Zeit unterbrochen, und der Aufsichtsrath zieht sich zurück, um sich zu konstituiren (vergl. unten S. 33, § 25) und die Vorschläge für die Wahl der Vorstandsmitglieder zu machen, die der Gründungsausschuß schon vorbereitet haben wird. Ueber diese Vorschläge stimmt dann die Generalversammlung einzeln mittels Stimmzettel ab, wie es das Statut verlangt (vergl. S. 27, § 4, S. 41, § 43 Abs. 4).

IV. Bei Beurkundung der Beschlüsse der Generalversammlung im Protokoll, sowie bei Abfassung des letzteren sind die Bestimmungen des Statuts streng zu befolgen (vergl. S. 42, § 46).

V. Demnächst erfolgt die Anmeldung bei Gericht nach § 11 des Genoss.-Ges. durch den ganzen Vorstand entweder in Person oder in beglaubigter Form. Die Beglaubigung der Unterschriften kann auch durch den Gemeindevorsteher oder die Polizeibehörde erfolgen. Der Anmeldung ist beizufügen das Originalstatut mit den Unterschriften der Mitglieder und eine Abschrift desselben, eine besondere Liste der unterschriebenen Mitglieder und eine Abschrift des Protokolls der konstituirenden Generalversammlung, soweit es sich auf die Wahlen des Vorstands und Aufsichtsraths bezieht.

Die in der konstituirenden Generalversammlung anwesenden Genossen, welche dort das Statut unterzeichnen, erwerben dadurch die Mitgliedschaft, ebenso alle, welche es später, aber noch vor Anmeldung der Genossenschaft bei Gericht unterzeichnen, während bei den später eintretenden erst die Eintragung derselben ins Genossenschaftsregister auf Grund der von ihnen vollzogenen, den gesetzlichen Anforderungen entsprechenden Beitrittserklärung die Mitgliedschaft entstehen läßt.

II.

Umwandlung eingetragener Genossenschaften.

Wie schon angedeutet wurde, bestehen die nach dem Gesetz vom 4. Juli 1868 eingetragenen Genossenschaften als eingetragene Genossenschaften mit unbeschränkter Haftpflicht nach dem neuen Genoss.-Ges. vom 1. Mai 1889 weiter und hatten nur demgemäß ihre Firma zu ändern und ihr Statut sonst mit den Anforderungen des neuen Gesetzes in Einklang zu bringen. Es darf angenommen werden, daß dies überall längst geschehen ist, und daß daher in Bezug auf diese Statutenänderungen Rathschläge überflüssig sind. Dagegen ist die Frage praktisch, wie können Consumvereine mit unbeschränkter Haftpflicht übergehen zur beschränkten Haftpflicht oder zur unbeschränkten Nachschußpflicht? Und ebenso ist umgekehrt der Fall denkbar, daß ein Verein, weil sich die mildere Haftform nach seiner Ansicht nicht bewährt hat, zu einer strengeren, also von der beschränkten Haftpflicht zur unbeschränkten Nachschußpflicht oder zur unbeschränkten Haftpflicht, von der unbeschränkten Nachschußpflicht zur unbeschränkten Haftpflicht übergehen will. Für diesen Uebergang hat das Gesetz vom 1. Mai 1889 die Form der „Umwandlung" vorgeschrieben. Gleichviel nun, ob von einer strengeren zu einer milderen oder von einer milderen zu einer strengeren Haftform übergegangen wird, jede Umwandlung verlangt eine Statutenänderung und muß deshalb von der Generalversammlung beschlossen werden.

Die häufigste Art der Umwandlung bei Consumvereinen wird jedenfalls die von der unbeschränkten Haftpflicht zur beschränkten Haftpflicht sein, weshalb sie zunächst besprochen werden soll. Diese Umwandlung muß in der Generalversammlung mit einer Mehrheit von drei Viertheilen der erschienenen Genossen beschlossen werden, sofern nicht das Statut andere Erfordernisse aufstellt (§ 16 Genoss.-Ges.). Das Statut kann also zur Gültigkeit des Umwandlungsbeschlusses eine größere Mehrheit als $^3/_4$ der Anwesenden erfordern, es kann auch eine geringere Mehrheit, sogar absolute Stimmenmehrheit für ausreichend erklären. Das Statut kann die Beschlußfassung in zwei Generalversammlungen verlangen oder auf andere Weise die Entscheidung über diese Frage erschweren, oder es kann andererseits den Beschluß einer Generalversammlung maßgebend sein lassen. Wenn wir auch die beschränkte Haftpflicht in sachgemäßer Anwendung für die Consumvereine für empfehlenswerth halten, so können wir doch den Consumvereinen, die auf der Grundlage der unbeschränkten Haftpflicht groß geworden sind, und deren Mitglieder in dieser Haftpflicht keine unverhältnißmäßige Belastung erblicken, nicht rathen, sich mit der Umwandlung in die beschränkte Haftpflicht zu übereilen, weil die damit verbundenen, sogleich zu erwähnenden Formalitäten doch unter ungünstigen Umständen den Credit des Vereins schädigen können. Nachdem der Beschluß auf Umwandlung gefaßt ist, hat nämlich der Vorstand denselben zu drei verschiedenen Malen durch die für die Bekanntmachungen des Vereins bestimmten Blätter zu veröffentlichen und gleichzeitig die Gläubiger, welche der Umwandlung nicht zustimmen wollen, aufzufordern, sich zu melden. Diejenigen Gläubiger, welche sich bis zum Ablauf eines Jahres seit der dritten Bekanntmachung melden, sind bei Fälligkeit ihrer Forderungen zu befriedigen oder sicher zu stellen. Erst nachdem ein Jahr seit der dritten Bekanntmachung abgelaufen ist, und die etwa vorhandenen, mit der Umwandlung unzufriedenen Gläubiger befriedigt oder sicher gestellt sind, hat der Vorstand den Umwandlungsbeschluß unter Beifügung der Blätter, in denen die vorgeschriebenen Bekanntmachungen erfolgten, und einer schriftlichen Versicherung des ganzen Vorstandes, daß die Gläubiger, welche sich bei der Genossenschaft gemeldet und der Umwandlung nicht zugestimmt haben, befriedigt oder sicher gestellt sind, bei dem Gericht zur Eintragung anzumelden. Gleichzeitig ist die neue Firma, die den Zusatz „mit beschränkter Haftpflicht" enthalten muß, und die Bestimmung über die Höhe der Haftsumme anzumelden, über die die Generalversammlung zusammen mit dem Beschluß auf Uebergang zur beschränkten Haftpflicht zu beschließen hat, da ohne Festsetzung der Haftsumme der Beschluß auf Annahme der beschränkten Haftpflicht inhaltslos sein würde. Ohne die gleichzeitige Anmeldung der Haftsumme darf die Eintragung der Umwandlung nicht erfolgen. Wenn der Erwerb mehrer Geschäftsantheile zugelassen werden soll, ist gleichzeitig auch die höchste Zahl der Geschäftsantheile, auf welche ein Genosse sich betheiligen kann, einzutragen.

Mit der Eintragung des Beschlusses erhält die Umwandlung unter der Voraussetzung Rechtswirksamkeit allen Gläubigern gegenüber, daß dabei die wesentlichen gesetzlichen Vorschriften gewahrt worden sind. Es ist vorgekommen, daß die Umwandlung eingetragen worden ist, ohne daß der Verein den bezüglichen Beschluß dreimal bekannt gemacht hätte, und ohne daß das Sperrjahr nach der dritten Bekanntmachung abgelaufen wäre. Eine solche Eintragung ist nichtig und kann die Umwandlung in eine Genossenschaft mit beschränkter Haftpflicht nicht bewirken. Die Genossenschaft bleibt trotz derselben eine Genossenschaft mit unbeschränkter Haftpflicht. Um das Versehen des Gerichts unschädlich zu machen, sollte in solchem Falle der fragliche Verein die dreimalige Bekanntmachung des Umwandlungsbeschlusses mit der oben angegebenen Aufforderung an die Gläubiger nachträglich erlassen und dann 1 Jahr nach der dritten Bekanntmachung von Neuem den Antrag auf Eintragung der Umwandlung ins Genossenschaftsregister bei Gericht stellen, unter Hinweis darauf, weshalb die frühere Eintragung wirkungslos sei.

Bis die Eintragung des Umwandlungsbeschlusses in rechtsgültiger Weise erfolgt ist, bleibt der Verein, wie schon erwähnt, eine Genossenschaft mit unbeschränkter Haftpflicht, und müssen so lange auch die Beitrittserklärungen den für diese Genossenschaften vorgeschriebenen Erfordernissen genügen.

Außer den vorher angegebenen Statutenänderungen, die zusammen mit dem Umwandlungsbeschluß anzunehmen sind, bedarf es noch anderer, deren Eintragung zwar auch mit der der Umwandlung selbst zu veranlassen sein wird, die aber erst während des Sperrjahres beschlossen zu werden brauchen. Welche Paragraphen hierbei in Betracht kommen, darüber vergl. unten S. 116 die allgemeinen Erläuterungen zum Musterstatut des Abschnitts IV.

Theils sind es diese Aenderungen, besonders aber die wiederholten Bekanntmachungen und Aufforderungen an die Gläubiger, sich zu melden, welche gut gedeihende, auf der unbeschränkten Haftpflicht beruhende Consumvereine bisweilen abhalten, zur beschränkten Haftpflicht überzugehen. Wenn auch die Vereine die Meldungen der Gläubiger durchaus nicht zu befürchten brauchen, weil deren Befriedigung ihnen nicht die geringsten Schwierigkeiten macht, ja Gläubiger des Vereins oft kaum vorhanden sind, so müssen sie doch auch mit ihren zahlreichen Gegnern rechnen, die jede wichtigere Umgestaltung in den Vereinen mit allen irgend Erfolg versprechenden Mitteln gegen dieselben ausbeuten. Namentlich bemüht man sich, Mißtrauen unter den Mitgliedern zu erwecken. Kann man sich da nicht auf deren Einsicht verlassen, so ist es immerhin möglich, daß auch eine durchaus gerechtfertigte Umwandlung dem Verein wenigstens vorübergehend Gefahr bringt.

Für die Umwandlung eines Consumvereins mit unbeschränkter Nachschußpflicht in einen solchen mit beschränkter Haftpflicht gelten dieselben Vorschriften wie für den Uebergang von der unbeschränkten Haftpflicht zur beschränkten Haftpflicht.

In derselben Weise ist zu verfahren, wenn ein Consumverein mit unbeschränkter Haftpflicht sich umwandelt in einen Verein mit unbeschränkter Nachschußpflicht, nur daß selbstverständlich die Firma den Zusatz „mit unbeschränkter Nachschußpflicht" erhält, und die Festsetzung, Anmeldung und Eintragung einer Haftsumme nicht in Frage kommt. Auch hier sind die Beitrittserklärungen für Genossenschaften „mit unbeschränkter Nachschußpflicht" (vergl. unten S. 124) erst in Anwendung zu bringen, nachdem die Umwandlung ins Genossenschaftsregister eingetragen ist.

Schneller läßt sich der Uebergang zu einer strengeren Haftung für die Consumvereine vollziehen. Allerdings bedarf es zur Umwandlung eines Vereins mit unbeschränkter Nachschußpflicht in einen solchen mit unbeschränkter Haftpflicht oder eines Vereins mit beschränkter Haftpflicht in einen solchen mit unbeschränkter Nachschußpflicht oder mit unbeschränkter Haftpflicht eines Beschlusses, der mit einer Mehrheit von drei Viertheilen der in der Generalversammlung erschienenen Genossen gefaßt ist, und das Gesetz gestattet nicht, im Statut eine geringere Mehrheit hierüber entscheiden zu lassen. Im Gegentheil erlaubt es nur, „noch andere Erfordernisse" hierfür aufzustellen d. h. den Beschluß zu erschweren. Indeß kann der so gefaßte Beschluß sofort zur Eintragung angemeldet werden und tritt mit derselben in Wirksamkeit. Mit der Aenderung der Firma sind auch die sonst nöthigen Statutenänderungen vorzunehmen und gleichzeitig zur Eintragung anzumelden.

III.

Musterstatut für Consumvereine mit beschränkter Haftpflicht nebst Begründung und Erläuterungen.

a) Musterstatut für Consumvereine mit beschränkter Haftpflicht.

(Zu den mit * bezeichneten Paragraphen und Abschnitten des Statuts sind die nachfolgenden besonderen Erläuterungen nachzulesen.)

A. Firma, Sitz und Gegenstand des Unternehmens.

*** § 1.** Die Unterzeichneten bilden unter der Firma:

. . . . . . zu N. . . . . . eingetragene Genossenschaft
mit beschränkter Haftpflicht

einen Verein zur Beschaffung unverfälschter und guter Waaren für den persönlichen und Haushaltungsbedarf seiner Mitglieder gegen sofortige Baarzahlung und zur Ansammlung eines Kapitals für dieselben aus dem dabei erzielten Ueberschusse.

Der Sitz des Vereins ist N. . . . . .

B. Fonds des Vereins.

*** § 2.** Der Fonds des Vereins wird durch Einlagen der Mitglieder und Gewinnantheile nach den weiter unten folgenden Bestimmungen gebildet und zerfällt in

a) das Vereinsvermögen, welches aus den Geschäftsguthaben der Mitglieder (§§ 56, 57) und aus dem Reservefonds (§ 59) besteht und

b) die außerdem zur Verstärkung der Betriebsmittel je nach Bedürfniß aufgenommenen fremden Gelder und Credite.

Für Geschäftszweige der Anlagen, welche mit einem besonderen Risiko verbunden sind, behält sich der Verein die Bildung von Spezialreserven vor.

Der aus Theilen des Reingewinns angesammelte Dispositionsfonds (§ 65) wird nur für Bildungszwecke verwendet.

(§ 7 Ziff. 4, § 7 Ziff. 2 des Genoss.-Ges.)

C. Ordnung und Leitung der Vereinsangelegenheiten.

Organe des Vereins.

§ 3. Der Verein ordnet seine Angelegenheiten selbstständig unter Theilnahme seiner Mitglieder. Seine Organe sind:

1. der Vorstand,
2. der Aufsichtsrath,
3. die Generalversammlung.

(§ 9 Abs. 1, § 41 des Genoss.-Ges.)

I. Vom Vorstande.

a) Zusammensetzung und Wahl.

* **§ 4.** Der Vorstand besteht aus:

1. dem Geschäftsführer,
2. dem Kassirer,
3. dem Kontroleur,

und wird in der Generalversammlung auf Vorschlag des Aufsichtsraths in getrennten Wahlhandlungen auf drei Jahre nach absoluter Stimmenmehrheit mittels Stimmzettel gewählt. Erhält der Vorgeschlagene die Mehrheit nicht, so muß der Aufsichtsrath in derselben oder in einer anderen Versammlung weitere Vorschläge machen.

Jedes Jahr scheidet ein Mitglied des Vorstands aus und wird durch Neuwahl ersetzt. In den ersten beiden Jahren entscheidet hierüber das Loos, welches vor der Wahl in der

Sitzung des Aufsichtsraths durch den Vorsitzenden aus der Hand des Schriftführers gezogen wird, später die Zeit des Eintritts des Einzelnen, wonach sich die dreijährige Dauer seiner Funktion regelt.

Die Wiederwahl derselben Personen nach Ablauf der Wahlperiode ist zulässig.

Die Vorstandsmitglieder müssen Genossen sein. Lagerhalter, Lieferanten, Agenten oder Konkurrenten des Vereins, sowie die Mitglieder des Aufsichtsraths können nicht Mitglieder des Vorstandes sein.

(§ 9 Abs. 2, § 24 des Genoss.-Ges.)

b) **Legitimation.**

* **§ 5.** Die Legitimation der Vorstandsmitglieder wird durch das über die Wahlhandlung aufzunehmende Protokoll der Generalversammlung (§ 46) geführt.

Die Wahlen bezw. Wiederwahlen sind mit Beginn der Wahlperiode bei dem Gericht, unter Einreichung einer Abschrift des Wahlprotokolls, durch den Vorstand anzumelden und schriftliche Erklärung der Gewählten über Annahme der Wahl beizufügen, wonächst dieselben, wenn sie neugewählt sind, ihre Unterschrift vor dem Gericht zu zeichnen oder die Zeichnung in beglaubigter Form einzureichen haben.

(§§ 10, 11, 28 des Genoss.-Ges.)

c) **Befugnisse und Geschäftsführung des Vorstandes im Allgemeinen.**

§ 6. Der Vorstand vertritt den Verein gerichtlich und außergerichtlich mit allen im Genoss.-Ges. vom 1. Mai 1889 §§ 24 ff. ihm ertheilten Befugnissen und zeichnet für denselben.

§ 7. Die Zeichnung geschieht dadurch, daß die Zeichnenden zu der Firma des Vereins oder zur Benennung des Vorstandes ihre Namensunterschrift hinzufügen. Rechtsverbindlichkeit für den Verein Dritten gegenüber hat die Zeichnung aber nur, wenn sie mindestens von zwei Vorstandsmitgliedern geschehen ist. Dasselbe gilt von mündlichen Erklärungen Namens des Vereins.

(§ 12 Abs. 4, §§ 24, 25 des Genoss.-Ges.)

§ 8. Der Vorstand führt die Vereinsgeschäfte selbstständig, soweit er nicht durch das Statut oder besondere Instruktionen oder Gesellschaftsbeschlüsse darin beschränkt und an die Genehmigung des Aufsichtsraths oder der Generalversammlung gewiesen ist.

(§ 27 des Genoss.-Ges.)

* **§ 9.** Der Vorstand hält die ihm obliegenden Vereinsgeschäfte in ordnungsmäßigem Gange, entscheidet über Waarenbezug und Waarenverkauf, über alle sonstigen nicht schon hieraus sich ergebenden oder der Beschlußfassung der Generalversammlung oder der Mitbestimmung des Aufsichtsraths vorbehaltenen Einnahmen und Ausgaben, hat für vollständige und übersichtliche Buchführung, Aufstellung der Bilanz nach dem Halbjahresschlusse — § 31 des Genoss.-Ges. — nach den Vorschriften des Handelsgesetzbuchs, sowie für die sichere Aufbewahrung der Kassenbestände Sorge zu tragen und beschließt über die Aufnahme von Mitgliedern und über die Zahl der Geschäftsantheile, deren Erwerb ihnen gestattet werden soll.

* **§ 10.** Der Vorstand erledigt die vorkommenden Vereinsgeschäfte nach Stimmenmehrheit seiner Mitglieder unter Leitung des Geschäftsführers in Sitzungen, welche theils regelmäßig stattfinden, theils besonders von letzterem unter Bezeichnung der Gegenstände der Verhandlung berufen werden, so daß mindestens zwei Mitglieder über jede Maßregel einig sein müssen, welche in Vereinsangelegenheiten vorgenommen werden soll. Die betreffenden Beschlüsse sind protokollarisch in ein dazu bestimmtes Buch einzutragen und von den Betheiligten zu unterzeichnen.

* **§ 11.** Besonders hat der Vorstand für die nach den § 11, § 16 Abs. 3, § 28, § 76 Abs. 2, § 77 Abs. 2, § 82 Abs. 1, § 83 Abs. 2, § 127 Abs. 2 des Genoss.-Ges. erforder-

lichen Anmeldungen zum Genossenschaftsregister, welche durch sämmtliche Mitglieder des Vorstands persönlich bei dem Gericht (§ 10 des Genoss.-Ges.) zu bewirken oder in beglaubigter Form an dasselbe einzureichen sind, Sorge zu tragen.

Ferner hat der Vorstand für die nach den § 31 Abs. 2, § 49 Abs. 3 u. 4, § 59 Abs. 2, sofern der Verein nicht einem Revisionsverbande angehört, § 61 Abs. 2, § 80 Abs. 2, §§ 133, 134 des Genoss.-Ges. nothwendigen Anzeigen bezw. Anträge an das Gericht (§ 10 des Genoss.-Ges.) und Veröffentlichungen, nach § 7 dieses Statuts, zu sorgen, auch die ihm in den § 8 Abs. 4, §§ 30, 45, § 46 Abs. 2, § 61 Abs. 1 des Genoss.-Ges. auferlegten Verpflichtungen zu erfüllen, widrigenfalls ihn die § 152 daselbst auf die Unterlassung gesetzten Geldstrafen treffen.

Ebenso hat der Vorstand spätestens am Schluß jedes Monats die während des Monats unterzeichneten Beitrittserklärungen neuer Mitglieder nach § 15 Abs. 1 u. 2 des Genoss.-Ges. und die Erklärungen der Mitglieder über deren Betheiligung auf einen zweiten oder weitern Geschäftsantheil nach § 131 daselbst, sowie die auf das Ausscheiden von Mitgliedern bezüglichen Anzeigen nach § 67, § 74 Abs. 2, § 75 Abs. 2, § 132 daselbst dem Gericht rechtzeitig einzureichen.

§ 12. Für den Fall der dauernden Behinderung, des Ausscheidens oder des Todes eines der Vorstandsmitglieder vor Ablauf der Wahlperiode hat der Aufsichtsrath wegen der nöthigen Stellvertretung sofort Fürsorge zu treffen und in den letzteren beiden Fällen die Nachwahl zu veranlassen. Die Anmeldung solcher Stellvertreter beim Gericht geschieht durch diese selbst mit den noch verbliebenen alten Mitgliedern des Vorstandes gemäß § 11 Abs. 1 und § 5 dieses Statuts.

Dasselbe Verfahren wiederholt sich, sobald eine solche interimistische Stellvertretung durch Wiedereintritt des behinderten Vorstandsmitgliedes oder förmliche Nachwahl in der Generalversammlung zu Ende geht.

(§ 28 des Genoss.-Ges.)

§ 13. Die Mitglieder des Vorstandes haben die Sorgfalt eines ordentlichen Geschäftsmannes anzuwenden. Vorstandsmitglieder, welche ihre Obliegenheiten verletzen, haften dem Verein persönlich und solidarisch für den dadurch entstandenen Schaden. (§§ 19, 22, 32 des Genoss.-Ges.)

* d) **Obliegenheiten der einzelnen Vorstandsmitglieder.**

§ 14. Die besonderen Obliegenheiten der einzelnen Vorstandsmitglieder werden durch eine vom Aufsichtsrath und Vorstand zu entwerfende und von der Generalversammlung zu genehmigende Instruktion geregelt, welche vom Vorstande behufs der Anerkennung zu unterzeichnen ist.

§ 15. Der Geschäftsführer besorgt nach den Beschlüssen des Vorstandes, bezw. innerhalb der dem Vorstande durch das Statut oder besondere Instruktionen und Gesellschaftsbeschlüsse gezogenen Grenzen den Waareneinkauf, führt die Korrespondenz, nimmt die gerichtlichen Geschäfte wahr, trägt die Vorstandsbeschlüsse der Zeitfolge nach in das Protokollbuch ein und führt das § 30 des Genoss.-Ges. vorgeschriebene Verzeichniß der Genossen.

Er nimmt stetig Einsicht in die Thätigkeit seiner beiden Kollegen, sorgt mit ihnen für die sichere Aufbewahrung der Geldbestände, Waaren, Werthdokumente u. s. w. und hat bei sich zeigenden Unregelmäßigkeiten im Kassenwesen und der Buchführung sofort dem Aufsichtsrathe Anzeige zu machen, damit dieser die zur Abhülfe und zur Sicherung des Vereins erforderlichen Maßregeln ergreift.

§ 16. Der Kassirer hat die Vertretung der aus dem Waarenverkauf sich ergebenden und ihm aus dem Vereinslager übermittelten sowie der sonstigen Kasseneingänge auf sich, deren sichere Aufbewahrung ihm nebst seinen Kollegen obliegt. Er muß über alle Einnahmen und Ausgaben laut Instruktion die erforderlichen Bücher führen, unter Mitwirkung des Kontroleurs allmonatlich genaue Geschäftsübersichten und Kassenabschlüsse vorlegen, und zusammen mit den anderen Vorstandsmitgliedern die Aufstellung der Halbjahrsrechnung so schleunig als möglich nach Schluß des Halbjahrs unternehmen.

Ausgaben aus der Vereinskasse darf er nur bei schriftlicher Zustimmung zweier Vorstandsmitglieder (worunter er sich selbst befinden kann) leisten.

§ 17. Der Kassirer hat dem Verein Kaution zu stellen, worüber das Nähere durch einen von ihm mit dem Aufsichtsrathe abzuschließenden Vertrag (§ 47 Ziff. 3) festgestellt wird.

§ 18. Der Kontroleur hat namentlich die Kontrole über Eingang und Ausgang der verschiedenen Waaren und die hierauf bezügliche Buchführung und wirkt bei den regelmäßigen Geschäfts- und Kassenabschlüssen mit, bei denen er den Kassenbestand prüfen muß.

§ 19. Bei kurz vorübergehenden Verhinderungen des Kassirers oder Kontroleurs versieht der Geschäftsführer deren Geschäfte, während der Kontroleur solchenfalls für den letzteren eintritt.

e) Enthebung der Vorstandsmitglieder von ihrem Amte.

§ 20. Der Vorstand im Ganzen, sowie jedes einzelne Mitglied desselben kann jederzeit durch Beschluß der Generalversammlung seines Amtes enthoben werden, und steht den Enthobenen nur nach Maßgabe der mit ihnen abgeschlossenen Verträge ein Entschädigungsanspruch zu.

(§ 24 Abs. 3 des Genoss.-Ges.)

§ 21. Auch der vorläufigen Enthebung durch den Aufsichtsrath haben sich die Vorstandsmitglieder zu fügen, vorbehaltlich der endgültigen Entscheidung durch die alsdann in kürzester Frist zu berufende Generalversammlung.

(§ 38 des Genoss.-Ges.)

f) Besoldung der Vorstandsmitglieder.

* **§ 22.** Die Vorstandsmitglieder erhalten Besoldung, welche durch einen mit ihnen abzuschließenden Vertrag (§ 47 Ziff. 3) bestimmt wird.

II. Vom Aufsichtsrathe.

a) Zusammensetzung und Wahl.

*** § 23.** Der Aufsichtsrath besteht aus .... Mitgliedern, welche in der Generalversammlung nach absoluter Stimmenmehrheit mittels Stimmzettel in einem einzigen Wahlgange auf drei Jahre gewählt werden.

Von den Mitgliedern des Aufsichtsraths scheidet alljährlich und zwar zunächst mit dem Jahre .... ein Drittel aus und wird durch Neuwahl ersetzt.*) In den ersten beiden Jahren entscheidet über die Reihenfolge des Ausscheidens das Loos unter den im ersten Jahre gewählten, später die Zeit des Eintritts der Einzelnen.

Die Wiederwahl derselben Personen nach Ablauf der Wahlperiode ist zulässig.

Mitglieder des Vorstandes, sowie Angestellte des Vereins können nicht Mitglieder des Aufsichtsraths sein.

Die Aufsichtsrathsmitglieder müssen Genossen sein.

(§ 9 Abs. 2, § 34, 35 des Genoss.-Ges.)

*** § 24.** Für den Fall des Ausscheidens oder des Todes von Aufsichtsrathsmitgliedern während des Laufes der Wahlperiode kann der Aufsichtsrath noch vor der nächsten ordentlichen Generalversammlung eine außerordentliche zur Ersatzwahl für den Rest der Wahlperiode einberufen. Es muß dies ohne Verzug geschehen, sobald mehr als .... Aufsichtsrathsmitglieder ausgeschieden sind.

b) Geschäftsführung.

§ 25. Der Aufsichtsrath überträgt einem seiner Mitglieder den Vorsitz, einem anderen das Schriftführeramt und ernennt zugleich für beide Stellvertreter. Er ist

*) Wenn die Zahl der Aufsichtsrathsmitglieder nicht durch 3 ohne Rest theilbar ist, würde der Schluß dieses Satzes lauten: „scheiden am Ende des ersten und zweiten Jahres je ...., am Ende des dritten .... aus und werden durch Neuwahl ersetzt. Die erste Neuwahl erfolgt für das Jahr ....“

beschlußfähig, wenn mindestens die Mehrheit seiner Mitglieder anwesend ist, und faßt seine Beschlüsse nach Stimmenmehrheit der Anwesenden.

(§ 34 Abs. 1 des Genoss.-Ges.)

* **§ 26.** Die Sitzungen des Aufsichtsraths sind entweder ordentliche, deren Zeit vorher feststeht, oder außerordentliche, welche vom Vorsitzenden besonders anberaumt werden. Nur bei den außerordentlichen Sitzungen ist bei der Einladung die Angabe des Gegenstandes der Verhandlung nothwendig, wenn die gefaßten Beschlüsse den Abwesenden gegenüber gelten sollen.

Ueber die Aufsichtsrathssitzungen werden Protokolle geführt, in welchen die ohne Entschuldigung Abwesenden namhaft zu machen und die gefaßten Beschlüsse genau wiederzugeben sind. Die Protokolle werden von den anwesenden Aufsichtsrathsmitgliedern unterzeichnet und sind diejenigen, welche mit den gefaßten Beschlüssen nicht einverstanden sind, berechtigt, dabei ihren Protest zu vermerken. Die Aufbewahrung der Protokolle liegt dem Vorsitzenden ob.

§ 27. Sowohl der Vorstand wie der dritte Theil der Aufsichtsrathsmitglieder können jederzeit die Anberaumung einer Aufsichtsrathssitzung beim Vorsitzenden des Aufsichtsraths unter schriftlicher Angabe der Berathungsgegenstände verlangen, welchem Gesuche der Vorsitzende ohne Verzug nachkommen muß.

§ 28. Der Vorstand muß auf Erfordern den Sitzungen des Aufsichtsraths, jedoch nur mit berathender Stimme beiwohnen und alle Aufschlüsse ertheilen, welche der Aufsichtsrath für nöthig hält. Bei der Beschlußfassung hat der Vorstand nur in den gemeinschaftlichen Sitzungen beider Organe nach § 34 des Statuts mitzuwirken.

c) Enthebung der Aufsichtsrathsmitglieder von ihrem Amt.

* **§ 29.** Aufsichtsrathsmitglieder können durch Beschluß der Generalversammlung mit einer Mehrheit von $^3/_4$ der

erschienenen Mitglieder ihrer Stellung jederzeit enthoben werden.

Der Antrag darauf steht dem Vorstande wie dem Aufsichtsrath und dem zehnten Theil der Vereinsmitglieder zu, wenn er von letzteren schriftlich unter Angabe der Gründe beim Aufsichtsrath eingereicht wird.

(§ 34 Abs. 3 des Genoss.-Ges.)

d) **Obliegenheiten und Befugnisse des Aufsichtsraths.**

§ 30. Der Aufsichtsrath überwacht die Geschäftsführung des Vorstandes und ist jederzeit befugt, zu diesem Behufe alle darauf bezüglichen Bücher und Schriften einzusehen, die Kasse und das Lager zu revidiren und bei sich zeigenden Unregelmäßigkeiten alle zur Sicherung des Vereins nöthigen Maßregeln zu ergreifen.

Er kann die Vorstandsmitglieder vorläufig, bis zur Entscheidung der demnächst zu berufenden Generalversammlung, von der Leitung der Geschäfte entfernen und hat alsdann für die Stellvertretung die nöthigen Anordnungen zu treffen. Wegen Anmeldung beim Gericht, Legitimation, Zeichnung gelten in solchem Falle die Vorschriften des § 12.

Der Aufsichtsrath hat die Monatsabschlüsse und die bei Halbjahrsschluß zu legende Rechnung nebst Bilanz genau zu revidiren, mit den Büchern, Kassenbeständen und Waarenvorräthen zu vergleichen, darüber der Generalversammlung zu berichten und die Vorschläge zur Gewinnvertheilung derselben zu machen.

(§§ 36, 38 des Genoss.-Ges.)

* **§ 31.** Das vom Aufsichtsrath bei seiner Thätigkeit innezuhaltende Verfahren wird in einer besonderen, von der Generalversammlung zu genehmigenden Instruktion bestimmt, welcher derselbe in allen Stücken nachkommen muß. Die Mitglieder des Aufsichtsraths haben die Sorgfalt eines ordentlichen Geschäftsmannes anzuwenden. Mitglieder, welche ihre Obliegenheiten verletzen, haften dem Verein persönlich und solidarisch für den dadurch entstandenen Schaden.

Die Instruktion ist von sämmtlichen Mitgliedern zum Zeichen der Anerkennung zu unterzeichnen.

(§ 39 des Genoss.-Ges.)

§ 32. Sodann vertritt der Aufsichtsrath den Verein bei Abschließung von Verträgen mit den Vorstandsmitgliedern, sowie in den mit ihnen zu führenden Prozessen.

(§ 37 Abs. 1 des Genoss.-Ges.)

* **§ 33.** Die Genehmigung des Aufsichtsraths hat der Vorstand außer bei denjenigen Angelegenheiten, wo dies sonst noch in diesem Statut bestimmt ist, einzuholen:

1. zu außerordentlichen Ausgaben von . . . bis einschließlich . . . Mark; zu diesen Ausgaben gehören namentlich Ausgaben zu Neubauten und baulichen Aenderungen sowie zu Grundstücksverbesserungen;
2. zur Anschaffung und Veräußerung von Inventarstücken, deren Kostenpreis . . . Mark oder mehr beträgt;
3. zu Einkäufen von Waaren für mehr als . . . Mark in einem Posten;
4. zur Anschaffung neuer, d. h. länger als . . . Jahr nicht auf Lager geführter Artikel;
5. zur Aufnahme von Darlehnen innerhalb der durch die Generalversammlung bestimmten Schranken;
6. zur Unterbringung zeitweilig müßiger Kassenbestände innerhalb der nach § 47 Ziff. 17 dieses Statuts durch die Generalversammlung bestimmten Normen;
7. zu Verträgen, welche wiederkehrende Verpflichtungen für den Verein begründen, sofern die Beschlußfassung darüber nicht der Generalversammlung vorbehalten ist;
8. zur Uebertragung des Geschäftsguthabens bezw. der Mitgliedschaft nach § 49 Abs. 2 des Statuts.

Zur Aenderung der vorstehend unter Nr. 1—3 und der § 47 Ziff. 16 vorgeschriebenen Grenzen genügt, abweichend von der Vorschrift des § 45, ein einfacher, mit absoluter Mehrheit der Anwesenden gefaßter Generalversammlungsbeschluß.

* **§ 34.** In gemeinschaftlicher Sitzung entscheiden Vorstand und Aufsichtsrath:

1. über Ausverkauf nicht gangbarer Artikel und deren Nichtwiederanschaffung;
2. über Ausdehnung des Verkaufs auf Nichtmitglieder in den Grenzen des § 8 Abs. 4 des Genoss.-Ges.;
3. zur Aufstellung von Geschäfts-Instruktionen und Bestimmung der Buchführung;
4. über Verwendung des Dispositionsfonds innerhalb des § 2 für denselben bestimmten Zwecks;
5. über Wahl der Deputirten zu Verbands- und Vereinstagen;
6. über Wahl des dem Gericht (§ 10 des Genoss.-Ges.) vorzuschlagenden Revisors, insofern der Verein keinem Revisionsverbande angehört;
7. über den Antrag auf Ausschließung von Mitgliedern bei der Generalversammlung (§ 51).

Die gemeinschaftlichen Sitzungen werden vom Vorsitzenden des Aufsichtsraths oder dessen Stellvertreter regelmäßig mindestens einmal monatlich und außerdem so oft berufen, wie der Vorstand oder . . . Mitglieder des Aufsichtsraths unter schriftlicher Angabe der Berathungsgegenstände es verlangen.

Die Beschlüsse werden nach Stimmenmehrheit der Anwesenden gefaßt. Zur Beschlußfähigkeit ist die Anwesenheit der Mehrheit der Vorstands- und der Aufsichtsrathsmitglieder erforderlich.

Auch über die § 33 aufgeführten Gegenstände kann in gemeinschaftlicher Sitzung berathen werden; die Entscheidung erfolgt jedoch in diesen Fällen stets so, daß der Aufsichtsrath auf Grund der ihm vom Vorstand unterbreiteten Vorschläge zustimmend oder ablehnend getrennt für sich sein Votum abgiebt.

Den Vorsitz in den gemeinschaftlichen Sitzungen führt der Vorsitzende des Aufsichtsraths oder dessen Stellvertreter, das Protokoll der Schriftführer des Aufsichtsraths.

(§ 27 Abs. 2, § 59 Abs. 2 des Genoss.-Ges.)

* **§ 35.** An der Revision gemäß §§ 51—62 des Genoss.-Ges. hat außer dem Vorstand auch eine Vertretung des Aufsichtsraths Theil zu nehmen, und ist dem Revisor Gelegenheit zu geben, über das Ergebniß der Revision in gemeinsamer Sitzung des Vorstandes und Aufsichtsraths mündlich Bericht zu erstatten.

III. Von der Generalversammlung.

a) Theilnahmerecht.

* **§ 36.** Die Rechte, welche den Mitgliedern des Vereins in den Angelegenheiten desselben zustehen, werden von ihnen in der Generalversammlung ausgeübt.

Jedes Mitglied hat eine Stimme, welche nicht übertragbar ist. Nur Korporationen, Handelsgesellschaften, Genossenschaften oder andere Personenvereine, welche Mitglieder sind, und die Erben eines verstorbenen Mitgliedes können sich bis zur Beendigung der Mitgliedschaft des Erblassers durch einen Bevollmächtigten vertreten lassen. Ein Bevollmächtigter kann nicht mehr als ein Mitglied vertreten.

(§ 41 des Genoss.-Ges.)

b) Berufung und Einladung.

* **§ 37.** Die Berufung der Generalversammlung geht in der Regel vom Aufsichtsrathe aus; doch kann, wenn der Aufsichtsrath dieselbe gegen den Antrag des Vorstandes verzögert, auch der Vorstand dazu schreiten.

Die Einladung zur Generalversammlung erfolgt durch Bekanntmachung in dem § 72 bestimmten Blatte und wird, wenn sie vom Aufsichtsrath ausgeht, gemäß § 71, von dessen Vorsitzenden, andernfalls vom Vorstand gemäß § 7 unterzeichnet. Die betreffende Nummer des Blattes muß mindestens eine Woche vor der Versammlung ausgegeben werden.

(§ 6 Ziff. 3, § 36 Abs. 2, §§ 42, 44 des Genoss.-Ges.)

* **§ 38.** In der Einladung müssen die Gegenstände der Tagesordnung kurz angegeben werden. Wenn nach Veröffent-

lichung der Einladung von mindestens dem zehnten Theile der Mitglieder noch rechtzeitig Anträge zur Tagesordnung beim Aufsichtsrath bezw. Vorstand schriftlich angemeldet werden, sind dieselben als Ergänzung zur Tagesordnung drei Tage vor der Generalversammlung nach § 37 zu veröffentlichen.

Die Einladungen sind vom Aufsichtsrath aufzubewahren.

(§ 44 Abs. 2 des Genoss.-Ges.)

c) **Ordentliche Generalversammlungen.**

* **§ 39.** Die Generalversammlungen finden regelmäßig statt:

a) innerhalb 6 Wochen nach dem Schlusse des Geschäftshalbjahrs behufs Mittheilung der Halbjahrsrechnung, Beschlußfassung über die Gewinnvertheilung und die dem Vorstand zu ertheilende Entlastung, sowie Erledigung etwaiger Erinnerungen zur Rechnung;

b) nach dem Schlusse des ersten und dritten Vierteljahrs zur Darlegung der Kassen- und Geschäftsverhältnisse, zur Erledigung von Beschwerden und sonstigen Vereinsangelegenheiten und zur Besprechung von Angelegenheiten von allgemeinem genossenschaftlichen Interesse. In der Generalversammlung nach Schluß des dritten Vierteljahrs werden auch die Ersatzwahlen für die mit Jahresschluß ausscheidenden Vorstands- und Aufsichtsrathsmitglieder vorgenommen.

d) **Außerordentliche Generalversammlungen.**

§ 40. Außerdem können bei dringenden Veranlassungen jederzeit Generalversammlungen berufen werden, und ist der Aufsichtsrath ohne Verzug dazu verpflichtet, wenn der Vorstand oder der zehnte Theil der Vereinsmitglieder schriftlich unter Angabe der Gegenstände der Verhandlung darauf antragen.

Wird dem Verlangen der betreffenden Vereinsmitglieder weder vom Aufsichtsrath noch vom Vorstand entsprochen, so kommt § 43 Abs. 3 des Genoss.-Ges. zur Anwendung.

(§ 43 des Genoss.-Ges.)

e) **Tagesordnung.**

§ 41. Die Tagesordnung wird vom Aufsichtsrathe festgesetzt, sofern derselbe die Versammlung beruft, andernfalls vom Vorstande; doch müssen alle Anträge darin aufgenommen werden, welche von einem der beiden Organe oder dem zehnten Theil der Mitglieder so zeitig gestellt werden, daß sie gemäß § 38 drei Tage vor der Generalversammlung bekannt gemacht werden können.

f) **Leitung.**

§ 42. Die Leitung der Generalversammlung gebührt dem Vorsitzenden des Aufsichtsraths oder Vorstandes, je nachdem die Berufung von dem einen oder dem anderen ausgeht. Wird die Generalversammlung nach § 43 Abs. 3 des Genoss.-Ges. von den Mitgliedern berufen, so wählen diese den Vorsitzenden. Der Vorsitzende ernennt auch den Schriftführer, welcher das Protokoll abzufassen hat; doch kann die Leitung durch Beschluß der Generalversammlung jederzeit einem anderen Vereinsmitgliede übertragen werden.

(§ 44 Abs. 2 des Genoss.-Ges.)

g) **Abstimmung.**

* **§ 43.** Die Abstimmung erfolgt mittels Handaufhebens, und kann der Vorsitzende, sobald ihm das Ergebniß zweifelhaft erscheint, die Zählung durch zwei von ihm aus den Anwesenden ernannte Stimmzähler vornehmen lassen, wozu er verpflichtet ist, sobald 10 Mitglieder in der Versammlung darauf antragen. Ueber Ausschließung von Mitgliedern wird schriftlich abgestimmt.

Alle Wahlen erfolgen durch Stimmzettel nach absoluter Mehrheit. Wird diese Mehrheit beim ersten Wahlgange nicht erreicht, so kommt von denen, welche die meisten Stimmen hatten, die doppelte Zahl der noch zu Wählenden auf die engere Wahl und wird mit den engeren Wahlen in derselben Art so lange fortgefahren, bis für alle zu Wählende eine absolute Mehrheit erzielt ist. Bei Stimmengleichheit entscheidet das Loos.

Wenn mehr Personen, als zu wählen sind, die absolute Stimmenmehrheit erhalten, so gelten diejenigen als gewählt, welche die meisten Stimmen erhalten haben.

Bei der Wahl von Vorstandsmitgliedern wird mit „ja" und „nein" über jeden Vorschlag des Aufsichtsraths abgestimmt (§ 4).

h) **Beschlüsse.**

* **§ 44.** Die von der Mehrheit der in einer Generalversammlung erschienenen Mitglieder gefaßten Beschlüsse haben für den Verein verbindliche Kraft, sobald die Einladung gehörig erfolgt ist, und die Gegenstände der Verhandlung in der Tagesordnung rechtzeitig bekannt gemacht sind.

* **§ 45.** Der Beschluß über Auflösung des Vereins und Beschlüsse auf Abänderung und Ergänzung des Statuts bedürfen jedoch, die in § 33 Abs. 2 aufgeführten Punkte ausgenommen, zu ihrer Giltigkeit der Berathung zweier mit einem Zwischenraum von mindestens 4 Wochen stattfindenden Generalversammlungen (2 Lesungen). In beiden Generalversammlungen entscheidet absolute Mehrheit der erschienenen Mitglieder, nur

a) bei Auflösung des Vereins, sowie Umwandlung desselben in eine andere Art der eingetragenen Genossenschaft;
b) bei Abänderung des Gegenstandes des Unternehmens;
c) bei Erhöhung oder Herabsetzung des Geschäftsantheils;
d) bei Herabsetzung der auf den Geschäftsantheil zu leistenden Einzahlungen oder Verlängerung der für die letzteren festgesetzten Fristen;
e) bei Erhöhung oder Herabsetzung der Haftsumme

ist in der zweiten Generalversammlung (2. Lesung) eine Mehrheit von drei Viertel der erschienenen Mitglieder erforderlich. Das Nähere bestimmt die Geschäftsordnung.

Außerdem kann die Enthebung von Aufsichtsrathsmitgliedern nur mit einer Mehrheit von drei Vierteln der Anwesenden giltig beschlossen werden (§ 29).

(§ 8 Ziff. 4, § 16 Abs. 1 u. 2, § 22 Abs. 1, § 34 Abs. 3, §§ 76, 125—127, 138 des Genoss.-Ges.)

i) **Beurkundung der Beschlüsse.**

*** § 46.** Die über die Verhandlungen der Generalversammlungen aufzunehmenden Protokolle haben die gestellten Anträge, die gefaßten Beschlüsse, soweit nöthig unter Angabe der Zahl der für und gegen abgegebenen Stimmen (§ 45 litt. a—e u. Abs. 2), die Wahlen unter Angabe der Zahl und der Vertheilung der abgegebenen Stimmen zu enthalten und werden unter dem Datum der Generalversammlung in ein besonderes „Protokollbuch" eingetragen, vom Vorsitzenden, den anwesenden Vorstands- und Aufsichtsrathsmitgliedern, dem Schriftführer und mindestens drei anderen Vereinsmitgliedern unterzeichnet und vom Aufsichtsrathe aufbewahrt.

(§ 6 Ziff. 3, § 45 des Genoss.-Ges.)

k) **Angelegenheiten, welche der Beschlußfassung der Generalversammlung unterliegen.**

*** § 47.** Der Beschlußfassung der Generalversammlung unterliegen außer den sonst in diesem Statut dahin verwiesenen Gegenständen folgende Angelegenheiten:

1. Abänderung und Ergänzung des Statuts;
2. Auflösung und Liquidation des Vereins, sowie Umwandlung desselben in eine andere Art der „eingetragenen Genossenschaft";
3. Wahl des Vorstandes und Genehmigung der mit Vorstandsmitgliedern zu schließenden Verträge;
4. Wahl und Entschädigung des Aufsichtsraths;
5. Verfolgung von Rechtsansprüchen gegen die vorstehend unter Ziff. 3 und 4 genannten Personen und Enthebung derselben von ihren Aemtern;

6. Wahl der Bevollmächtigten zur Führung von Prozessen gegen die Mitglieder des Aufsichtsraths, deren Legitimation durch Abschrift des betreffenden Generalversammlungsbeschlusses geführt wird;
7. die oberste Entscheidung über alle gegen die Geschäftsführung und Beschlüsse des Vorstandes und Aufsichtsraths eingebrachten Beschwerden;
8. Genehmigung der Instruktionen für den Vorstand und Aufsichtsrath und der Geschäftsordnung für die Generalversammlungen;
9. Entscheidung von Streitigkeiten über die Auslegung des Statuts und der Gesellschaftsbeschlüsse;
10. Erwerb, Veräußerung und Belastung von Grundeigenthum;
11. Bestimmung des Höchstbetrages, welchen die den Verein belastenden Kredite zusammen nicht überschreiten dürfen;
12. Festsetzung der von Lagerhaltern zu leistenden Kautionen;
13. Verträge, welche wiederkehrende Verpflichtungen für den Verein begründen und nicht jederzeit mit einer längstens dreimonatlichen Kündigungsfrist gelöst werden können;
14. Zahl der Vereins-Verkaufslokale;
15. Bestimmung neuer Zweige des Waarenhandels, auf welche das Vereinsgeschäft ausgedehnt werden soll;
16. außerordentliche Ausgaben von mehr als . . . Mark;
17. Anlegung von Vereinsgeldern außerhalb des Waarenverkaufsgeschäfts;
18. Vertheilung des Geschäftsgewinns und Entlastung des Vorstandes wegen dessen Geschäftsführung;
19. Beschlußfassung über Bildung eines zweiten bezw. dritten Geschäftsantheils seitens derjenigen Mitglieder, welche schon einen bezw. zwei Geschäftsantheile angesammelt haben (§ 56 Abs. 4);

20. Ausschluß von Mitgliedern aus dem Verein;
21. Anschluß an genossenschaftliche Verbände und Austritt aus denselben;
22. Bericht des Genossenschaftsrevisors nach § 61 Abs. 2 des Genoss.-Ges.

(§ 16 Abs. 1, § 24 Abs. 2, § 34 Abs. 1, § 37 Abs. 1 und 3, § 41, § 46 Abs. 1, § 47, § 61 Abs. 2, § 76 des Genoss.-Ges.)

D. **Entstehung und Endigung der Mitgliedschaft.**

* **§ 48.** Zum Erwerb der Mitgliedschaft bedarf es seitens des Beitretenden der Unterzeichnung einer unbedingten Beitrittserklärung und seitens des Vorstandes der Aufnahme (§ 9). Der Vorstand hat dann die Beitrittserklärung zur Liste der Genossen dem Gericht (§ 10 des Genoss.-Ges.) einzureichen, welches auf Grund dessen die Eintragung unverzüglich vornimmt. Durch diese Eintragung entsteht die Mitgliedschaft des Beitretenden.

Die Beitrittserklärung wird in zwei gleichlautenden Exemplaren unterschrieben, von denen eines der Verein bei seinen Akten behält.

Aufnahmefähig sind alle Personen, welche sich durch Verträge verpflichten können.

Den vom Vorstand abgewiesenen steht nur die Berufung an die Generalversammlung offen.

(§ 8 Ziff. 2, § 15 des Genoss.-Ges.)

* **§ 49.** Das Ende der Mitgliedschaft tritt nur am Halbjahrsschluß ein, und zwar, abgesehen von den Fällen des § 52, auch nur in Folge der Eintragung seitens des Gerichts in die Liste der Genossen nach Anzeige des Vorstandes über den Grund des Ausscheidens.

Es ist aber auch eine Uebertragung des Geschäftsguthabens bezw. der Mitgliedschaft nach Maßgabe der §§ 74, 132 des Genoss.-Ges. zulässig, jedoch nur mit Genehmigung des Vorstandes und des Aufsichtsraths. (§ 33 Ziff. 8.)

* **§ 50.** Der freiwillige Austritt aus dem Verein erfolgt übrigens nach schriftlicher, mindestens 4monatlicher Kündigung.

In den Fällen des § 64 des Genoss.-Ges. tritt an Stelle der Aufkündigung seitens des Genossen die Aufkündigung seitens des Gläubigers desselben.

(§§ 63, 69 des Genoss.-Ges.)

* **§ 51.** Der Ausschluß aus dem Verein kann erfolgen:

a) wegen Verlustes der bürgerlichen Ehrenrechte;

b) wegen der gleichzeitigen Mitgliedschaft in einer anderen, am Vereinssitze bestehenden gleichartigen Genossenschaft; und

c) wegen Nichterfüllung der statutenmäßigen Verpflichtungen, insbesondere wenn ein Mitglied für drei auf einander folgende Rechnungsperioden keine Dividendenmarken abgeliefert hat.

Die Ausschließung erfolgt durch Beschluß der Generalversammlung auf Antrag der gemeinschaftlichen Sitzung des Vorstandes und Aufsichtsraths (§ 34 Ziff. 7).

Der Ausschließungsbeschluß ist dem Ausgeschlossenen vom Vorstande mittels eingeschriebenen Briefs ohne Verzug mitzutheilen, und verliert der Ausgeschlossene von da an das Recht der Theilnahme an der Generalversammlung und der Mitgliedschaft im Vorstand oder Aufsichtsrath.

(§ 66 des Genoss.-Ges.)

* **§ 52.** Der Tod endet die Mitgliedschaft mit dem Schlusse des Geschäftshalbjahrs, innerhalb dessen derselbe erfolgt ist.

Der Vorstand hat eine Anzeige darüber ohne Verzug dem Gerichte (§ 10 des Genoss.-Ges.) zur Liste der Genossen einzureichen.

(§ 75 des Genoss.-Ges.)

* **§ 53.** Die Auseinandersetzung mit dem Ausgeschiedenen bezw. dessen Erben erfolgt auf Grund der Bilanz. Derselbe erhält sein Geschäftsguthaben einschließlich der Dividende für

das letzte Halbjahr oder, wenn der Verein in Verlust war, nach Abzug der erforderlichen Abschreibung spätestens 8 Wochen nach Endigung der Mitgliedschaft ausgezahlt. Reicht das Vermögen des Vereins einschließlich der Reserven und aller Geschäftsguthaben zur Deckung der Schulden nicht aus, so verliert der Ausgeschiedene sein ganzes Geschäftsguthaben bezw. seine Geschäftsantheile und hat außerdem von dem Fehlbetrage den ihn nach Höhe seiner Haftsumme treffenden Antheil an den Verein zu zahlen.

Geschäftsguthaben Ausgeschiedener, welche nicht innerhalb $2^1/_2$ Jahren nach dem Ausscheiden abgehoben werden, verfallen dem Reservefonds.

(§§ 71, 72 des Genoss.-Ges.)

E. Rechte und Pflichten der Mitglieder.

§ 54. Die Mitglieder des Vereins sind berechtigt:

a) bei allen Beschlüssen, insoweit nicht § 41 Abs. 3 des Genoss.-Ges. entgegensteht, sowie bei Wahlen in den Generalversammlungen zu stimmen und mit der Maßgabe des § 41 des Statuts Anträge bei den letzteren einzubringen;

b) vom Vereinslager Waaren zu kaufen und die etwa sonst vom Verein zur Waarenbeschaffung gebotenen Gelegenheiten für sich zu benutzen;

c) nach Maßgabe des § 65 Dividende zu beanspruchen.

(§§ 19, 41 des Genoss.-Ges.)

* **§ 55.** Dagegen ist jedes Mitglied verpflichtet:

a) zur Bildung eines Geschäftsantheils die § 56 bestimmten Zahlungen zu leisten;

b) ein Eintrittsgeld von 1 Mk. bei der Aufnahme zu entrichten;

c) vom Vereinslager Waaren zu entnehmen und dieselben bei der Entnahme sofort zu bezahlen;

d) dem Statut, sowie den Beschlüssen und dem Interesse der Genossenschaft nicht zuwiderzuhandeln;

e) für Erfüllung der Verbindlichkeiten des Vereins diesem sowie unmittelbar den Gläubigern desselben mit der gemäß dem Genoss.-Ges. in diesem Statut bestimmten Summe zu haften.

(§ 2 Ziff. 3, § 7 Ziff. 1, § 23 Abs. 2, §§ 125—129 des Genoss.-Ges.)

* F. Geschäftsantheile (Geschäftsguthaben) und Haftsumme der Mitglieder.

*** § 56.** Der Geschäftsantheil wird auf 30 Mk. festgesetzt. Bei der Aufnahme jedes Mitgliedes wird vom Vorstand (§ 9) bestimmt, auf wie viele Geschäftsantheile sich dasselbe betheiligen darf.

Eine Betheiligung mit mehr als 3 Geschäftsantheilen ist nicht gestattet. Auf den Geschäftsantheil muß das Mitglied beim Eintritt mindestens 2 Mk. und im nächsten Monat mindestens 1 Mk. entrichten. Bis zur Erreichung des Geschäftsantheils wird auch die Dividende (§ 65) dem Geschäftsguthaben bezw. den Geschäftsantheilen zugeschrieben.

Die Betheiligung auf einen zweiten oder dritten Geschäftsantheil, welche jedesmal durch eine darüber von dem Mitgliede zu unterzeichnende unbedingte Erklärung behufs Eintragung bei Gericht (§ 10 des Genoss.-Ges.) festzustellen ist (§ 11 Abs. 2 des Statuts), hängt von der Erfüllung des vorhergehenden Geschäftsantheils bezw. der vorhergehenden Geschäftsantheile ab. Auch auf den zweiten und dritten Geschäftsantheil sind je mindestens die in Abs. 2 festgesetzten Einzahlungen zu leisten.

Die Generalversammlung kann mit einfacher Stimmenmehrheit beschließen, diejenigen Mitglieder, welche schon einen oder 2 Geschäftsantheile angesammelt haben, zur Betheiligung auf einen zweiten bezw. dritten Geschäftsantheil anzuhalten.

(§ 7 Ziff. 2, § 16 Abs. 2, § 22 Abs. 1, §§ 128, 130, 131 des Genoss.-Ges.)

§ 57. Ueber das Geschäftsguthaben erhält das Mitglied ein besonderes Buch, worin der Vorstand den Zugang und bei nöthigen Abschreibungen den Abgang bemerkt. Ueber jeden Geschäftsantheil wird ein Antheilschein ausgefertigt.

Das Geschäftsguthaben und die Antheilscheine dürfen während der Dauer der Mitgliedschaft vom Verein weder ganz noch theilweise ausbezahlt, noch im geschäftlichen Betriebe zum Pfande genommen werden.

(§ 22 Abs. 2 des Genoss.-Ges.)

§ 58. Die einfache Haftsumme beträgt 30 Mk.

Mit der Betheiligung auf einen weiteren Geschäftsantheil erhöht sich die Haftung eines Mitgliedes auf das der Zahl der Geschäftsantheile entsprechende Vielfache der Haftsumme.

(§§ 125, 129 des Genoss.-Ges.)

G. Reservefonds.

* **§ 59.** Der Reservefonds dient nur zur Deckung eines aus der Bilanz sich ergebenden Verlustes und soll auf 3 pCt. der Gesammtsumme der Aktiva gebracht bezw. nach Abschreibung von Verlusten wieder gebracht werden.

Der Reservefonds wird gebildet durch die § 55 litt. b. festgesetzten Eintrittsgelder und die im § 65 bestimmten Antheile am Reingewinn.

(§ 7 Ziff. 4, § 156 des Genoss.-Ges.)

H. Waarenverkauf.

* **§ 60.** Sobald Waaren in das Lager eingeliefert sind, hat der Vorstand dieselben zu prüfen und deren Verkaufspreise zu bestimmen.

Der Verkauf erfolgt in der Regel zu den Marktpreisen und nur gegen Baarzahlung.

Der Lagerhalter besorgt in Vollmacht des Vereins und gemäß dem mit ihm geschlossenen Vertrage die Aufbewahrung und den Verkauf der Vereinswaaren an die Mitglieder. Er verkauft die Waaren bei Strafe sofortiger Entlassung nur gegen Baarzahlung und liefert den Erlös nach der ihm ertheilten Instruktion an den Kassirer ab.

Auf Verlangen des Lagerhalters haben sich die Käufer in der durch den Vorstand vorgeschriebenen Weise als Mitglieder oder deren Vertreter zu legitimiren.

I. Rechnungswesen.

* **§ 61.** Die erste Rechnungsperiode beginnt am .... und endigt am .... Später erfolgt der Rechnungsabschluß halbjährlich am 30. Juni oder, wenn dies ein Sonntag ist, am 1. Juli, und an dem dem 31. Dezember zunächstliegenden Sonntage. Am Tage des Rechnungsabschlusses ist

a) der Bestand der vorhandenen Waarenvorräthe vom Vorstande und Aufsichtsrathe,

b) der Bestand der Kasse und etwaigen Werthpapiere und Schuldurkunden vom Aufsichtsrathe festzustellen, und

c) mit dem Abschluß der Bücher vom Vorstande zu beginnen.

(§ 8 Ziff. 3 des Genoss.-Ges.)

§ 62. Die vollständige Halbjahrsrechnung hat der Vorstand sodann nach spätestens 3 Wochen dem Aufsichtsrathe vorzulegen, widrigenfalls dieser berechtigt ist, dieselbe unter seiner Aufsicht durch andere Personen auf Kosten des Vorstandes anfertigen zu lassen.

* **§ 63.** Die Bilanz ist nach den Grundsätzen kaufmännischer Buchführung aufzustellen; es sind also Vereinsschulden und Verpflichtungen jeder Art, die Geschäftsguthaben der Mitglieder, der Reservefonds und der Dispositionsfonds (§ 65, Satz 2) unter den Passiven, der Werth der Mobilien nach Abschreibung von 6 pCt. pro Halbjahr für Abnutzung, ebenso der Werth etwaiger Immobilien nach Abschreibung von 3/4 pCt. pro Halbjahr für Abnutzung, ferner der Kassenbestand, der Werth der bei der Inventur vorgefundenen Waarenvorräthe und die ausstehenden Forderungen aller Art (etwaige

unsichere nach zuvoriger Abschätzung ihres wirklichen Werthes) unter den Aktiven anzusetzen; der Ueberschuß der Aktiva über die Passiva bildet den Reingewinn.

(§ 7 Ziff. 3 des Genoss.-Ges.)

* **§ 64.** Die Revision der Rechnung erfolgt durch den Aufsichtsrath.

Eine Woche vor der über die Halbjahrsrechnung beschließenden Generalversammlung ist die Halbjahrsrechnung zur Einsicht und Empfangnahme seitens der Mitglieder im Vereinsladen auszulegen.

Erheben sich in der Generalversammlung Bedenken gegen die Richtigkeit der Rechnung und die Revision des Aufsichtsraths, so kann durch Beschluß der Versammlung, ohne daß der Antrag vorher auf die Tagesordnung gebracht wäre, eine besondere Kommission von 2—3 Mitgliedern mit der Superrevision betraut werden, zu welchem Behufe sie alle dem Aufsichtsrathe in §§ 30, 31 des Statuts zur Ueberwachung der Geschäftsführung übertragenen Befugnisse ausübt.

(§ 46 Abs. 2 des Genoss.-Ges.)

K. Vertheilung von Gewinn und Verlust.

* **§ 65.** Vom Reingewinn erhalten zunächst die Mitglieder als Kapitaldividende auf jede volle Mark ihres Geschäftsguthabens, bezw. ihrer Geschäftsantheile am Schluß des vorhergehenden Geschäftshalbjahrs 2 Pfennige (4 pCt.) zugeschrieben, sodann werden die durch Verträge oder besondere Beschlüsse der Generalversammlung den Beamten des Vereins, sowie den Vorstandsmitgliedern vom Reingewinn etwa zugesicherten Tantièmen und die Remuneration für den Aufsichtsrath berichtigt. Vom Ueberschusse erhält der Reservefonds, so lange derselbe noch nicht oder nicht wieder die § 59 festgesetzte Höhe erreicht hat, 5—10 pCt., der Dispositionsfonds höchstens 4 pCt., der Rest wird den Geschäftsguthaben bezw. Geschäftsantheilen der Mitglieder nach Verhältniß der von letzteren in der betreffenden Rechnungsperiode durch das Vereins-

lager bezogenen Waaren als Einkaufsdividende zugeschrieben, insoweit die Generalversammlung nicht eine weitere außerordentliche Abschreibung auf Mobilien oder Immobilien beschließt, oder einen Theil des Gewinns unvertheilt auf die nächste Rechnungsperiode vortragen läßt.

* **§ 66.** Eine aus der Halbjahrsrechnung etwa sich ergebende Unterbilanz wird in erster Linie aus dem Reservefonds gedeckt, und, insofern dieser hierzu nicht ausreicht, fernerhin von den Geschäftsantheilen bezw. Geschäftsguthaben der Mitglieder im Verhältniß zu ihrer Höhe abgeschrieben. Ein dann noch zu deckender Rest wird auf die Mitglieder nach der Höhe ihrer Haftsumme umgelegt, und hat der Vorstand in diesem Falle die Generalversammlung zur Beschlußfassung, ob die Genossenschaft aufgelöst werden soll, zu berufen, wenn nicht nach § 69 das Konkursverfahren stattzufinden hat.

L. Auflösung des Vereins und Haftung der Mitglieder.

§ 67. Die Auflösung des Vereins erfolgt:

1. durch Beschluß der Generalversammlung (§ 76 des Genoss.-Ges.);
2. durch Beschluß des Gerichts, wenn die Mitgliederzahl unter 7 sinkt und sich binnen 6 Monaten nicht wenigstens soweit wieder erhöht (§ 78 das.);
3. durch Eröffnung des Konkurses über das Vermögen des Vereins (§ 91 das.);
4. durch verwaltungsgerichtliches Erkenntniß in den § 79 des Genoss.-Ges. bestimmten Fällen.

§ 68. Für den Fall der Auflösung erfolgt die Liquidation unter Beobachtung der Vorschriften der §§ 80—90 des Genoss.-Ges.

* **§ 69.** Das Konkursverfahren findet außer dem Falle der Zahlungsunfähigkeit auch in dem Falle der Ueberschuldung statt, sofern diese ein Viertheil des Betrages der Haftsummen aller Genossen übersteigt, und regelt sich nach den

4*

§§ 91—111, 134, 135 des Genoss.-Ges. Jedoch sind die Nachschüsse zur Konkursmasse (§ 98 Abs. 2 des Genoss.-Ges.) von den Mitgliedern nach Höhe ihrer Haftsumme zu leisten.

M. Die Bekanntmachungen des Vereins und die dazu bestimmten öffentlichen Blätter.

§ 70. Alle Bekanntmachungen des Vereins und die denselben verpflichtenden Schriftstücke ergehen unter dessen Firma und werden mindestens von zwei Vorstandsmitgliedern unterzeichnet.

§ 71. Die Einladungen zu den Generalversammlungen dagegen, insofern sie nicht vom Vorstande ausgehen (§ 37), erläßt der Vorsitzende des Aufsichtsraths mit der Zeichnung:

Der Aufsichtsrath des . . . (Firma des Vereins).
N . . .
Vorsitzender.

* **§ 72.** Zur Veröffentlichung seiner Bekanntmachungen bedient sich der Verein des . . . . . Blattes.

Falls dieses Blatt eingeht oder die Veröffentlichung in demselben aus anderen Gründen unmöglich wird, tritt der „Deutsche Reichsanzeiger" so lange an dessen Stelle, bis für die Bekanntmachungen des Vereins durch Statutenänderung ein anderes Blatt festgesetzt ist.

---

b) Motive und Erläuterungen.

aa) Im Allgemeinen.

1. Es ist überall bei den einzelnen Paragraphen auf die darauf bezüglichen Paragraphen des Genoss.-Ges. verwiesen, damit diejenigen, die sich näher mit demselben vertraut machen wollen, dies möglich leicht in der praktischen Anwendung auf die einzelne Genossenschaft erreichen können.

Aus dem Vergleich mit den gesetzlichen Vorschriften wird sich auch jeder selbst überzeugen können, inwieweit die Bestimmungen des Musterstatuts beibehalten werden müssen oder, ohne gegen das Gesetz zu verstoßen, je nach den örtlichen Verhältnissen geändert werden können. Es kommt hier § 18 des Genoss.-Ges. in Betracht, wonach das Rechtsverhältniß der Genossenschaft und der Genossen sich zunächst nach dem Statut richtet; letzteres aber von den Bestimmungen dieses Gesetzes nur insoweit abweichen darf, als dies ausdrücklich für zulässig erklärt ist.

2. Das Statut würde erheblich abgekürzt werden, wenn man es auf diejenigen Bestimmungen beschränkte, die entweder nach dem Gesetz darin geordnet sein müssen, oder in denen zulässige Abweichungen vom Gesetz rathsam erscheinen. Aber damit ein solches Statut für die Mitglieder verständlich würde, müßte man voraussetzen, daß dieselben sich mit dem Genoss.-Ges. genau bekannt machen. Diese Bekanntschaft kann man aber bei dem Umfang des fraglichen Gesetzes und der Lebensstellung der meisten Mitglieder durchaus nicht erwarten und auch nicht verlangen. Man wird schon sehr zufrieden sein dürfen, wenn außer den Vorstands- auch die Aufsichtsrathsmitglieder mit dem Gesetze vertraut sind. Die Vereinsmitglieder müssen deshalb durch das Statut selbst mit den häufiger anzuwendenden, für sie wichtigen Bestimmungen des Gesetzes bekannt gemacht werden, weil ihnen sonst eine wirksame Kontrole des Vorstandes und Aufsichtsraths aus Unkenntniß ihrer Rechte kaum möglich sein würde. Allerdings wird andererseits gegen so umfangreiche Statuten das Bedenken geltend gemacht, daß sie von den Mitgliedern nicht gelesen werden, und daß die Absicht, denselben auf diese Weise eine gewisse Gesetzeskenntniß zu vermitteln, doch nicht erreicht wird, und

leider trifft diese Einrede bei vielen Mitgliedern zu, immerhin ist so denjenigen, die es mit ihren Rechten und Pflichten als Genossen ernst meinen, die Kenntniß derselben wenigstens, soweit möglich, erleichtert, während ein nur auf das Nothwendige sich beschränkendes Statut vielleicht von mehr Mitgliedern gelesen, aber von keinem einzigen verstanden werden würde. Denn wie sollten die Mitglieder außer dem Statut noch ein Gesetz von 172 Paragraphen studiren? Dies alles rechtfertigt unseres Erachtens die Aufnahme vieler Gesetzesvorschriften in das Statut. — Ob man die Anzahl der Paragraphen dadurch verringert, daß man größere Abschnitte des Statuts zu *einem* Paragraphen zusammenfaßt, ist eine Frage von untergeordneter Bedeutung. Denn nicht die *Anzahl* der Paragraphen, sondern die Länge des Statuts ist es, die indifferente Mitglieder von der Beschäftigung mit demselben abschreckt.

bb) **Zu den einzelnen Paragraphen.**

Zu § 1. In § 1 Ziffer 5 des Genoss.-Ges. vom 1. Mai 1889 sind die Consumvereine bezeichnet als

> Vereine zum gemeinschaftlichen Einkaufe von Lebens- oder Wirthschaftsbedürfnissen im Großen und Ablaß im Kleinen,

abweichend von § 1 Ziffer 4 des Genoss.-Ges. vom 4. Juli 1868, wo sie bezeichnet werden als

> Vereine zum gemeinschaftlichen Einkauf von Lebensbedürfnissen im Großen und Ablaß in kleineren Partien an ihre Mitglieder —

und zwar ist, wie es in der Regierungsvorlage zum Gesetz hieß, jetzt auch die Anschaffung von *Wirthschaftsbedürfnissen* erwähnt, um damit zugleich die zur gemeinsamen Beschaffung von Saatgut, Kunstdünger, Viehfutter und dergl. mehr bestimmten landwirthschaftlichen Consumvereine zu umfassen.

Es lag nahe, im § 1 den Gegenstand des Unternehmens lediglich in Uebereinstimmung mit dem neuen Genoss.-Ges. zu fassen; indeß sprechen dagegen doch zwei Gründe. Einmal ist es eine zwar sehr gebräuchliche, aber darum doch nicht streng sachgemäße Redewendung, vom Einkauf von „Bedürfnissen" zu sprechen; denn mit Bedürfnissen kommt der Mensch schon auf die Welt und braucht sie nicht erst einzukaufen, was er einkaufen muß, sind vielmehr die Befriedigungsmittel für die Bedürfnisse, die Waaren. Dann aber möchten wir es den Consumvereinen zwar in keiner Weise verwehrt sehen, auch Waaren des landwirthschaftlichen Bedarfs in den Kreis ihrer Thätigkeit aufzunehmen, wenn sie auf hinreichenden Absatz dafür unter ihren Mitgliedern rechnen dürfen; indeß sind an den Handel mit diesen Waaren zum Theil andere Anforderungen zu stellen, als an den Handel mit Kolonialwaaren u. s. w., namentlich kommt hier der wirksame Schutz gegen Verfälschung viel mehr in Betracht, als bei Kolonialwaaren, wo Geschmack und Geruch des Consumenten die mikroskopische und chemische Untersuchung zum Theil ersetzen können. Wenn also ein Consumverein, wie dies ja bisweilen geschieht, auch landwirthschaftliche Artikel ein- und verkaufen will, so ist dies ein Entschluß, wichtig genug, um ihn auch im Gegenstand des Unternehmens klarer zum Ausdruck zu bringen, als dies unseres Erachtens durch die Fassung des Gesetzes geschieht. Es sollte dann im § 1 des Statuts der Verein bezeichnet werden als

> Verein zur Beschaffung unverfälschter und guter Waaren für den persönlichen, Haushaltungs- und Wirthschaftsbedarf seiner Mitglieder.

— Vergl. übrigens hierzu mein „Taschenbuch" S. 119 u. folgd. —

Wenn ein Consumverein, der bisher „eingetragene Genossenschaft mit unbeschränkter Haftpflicht" war, zur beschränkten Haftpflicht übergeht, findet eine neue Unterzeichnung des zu diesem Zweck abgeänderten Statuts nicht statt, und es würde deshalb dann auch der Eingang des § 1

„Die Unterzeichneten bilden unter der Firma u. s. w."

nicht zutreffen. Es empfiehlt sich bei diesen Vereinen den § 1 so zu fassen:

„§ 1. Die Genossenschaft führt die Firma: .... zu N....... eingetragene Genossenschaft mit beschränkter Haftpflicht.

Gegenstand des Unternehmens ist die Beschaffung unverfälschter und guter Waaren für den persönlichen und Haushaltungsbedarf der Mitglieder gegen sofortige Baarzahlung und Ansammlung eines Kapitals für dieselben aus dem dabei erzielten Ueberschusse.

Der Sitz der Genossenschaft ist N......"

Dem § 1 wird außerdem in diesem Falle folgende Einleitung vorauszuschicken sein:

„Die bisher in N..... unter der Firma: .... Eingetragene Genossenschaft mit unbeschränkter Haftpflicht bestehende Genossenschaft hat sich nach den Bestimmungen der §§ 137 und 139 des Genoss.-Ges. vom 1. Mai 1889 in eine Genossenschaft mit beschränkter Haftpflicht umgewandelt und ihr Statut in nachstehenden Paragraphen abgeändert."

Zu § 2. Die Geschäftsguthaben der Mitglieder sind zwar nach Maßgabe der Bilanz beim Ausscheiden zurückzuzahlen, gehören aber während der Dauer der Mitgliedschaft unzweifelhaft zum „Vereinsvermögen", was zur

Vermeidung von Rechtsirrthümern bei den Mitgliedern zweckmäßig ist, hier auch ausdrücklich hervorzuheben.

In meinem „Taschenbuch" S. 151 habe ich die Bildung einer Spezialreserve bei Errichtung einer eigenen Schlächterei empfohlen. Auch wenn es sich um andere größere Anlagen z. B. um eine Bäckerei handelt, kann die vorherige Ansammlung einer Spezialreserve zweckmäßig sein, um zu verhüten, daß das Mißglücken eines solchen Versuchs die Dividende wesentlich beeinträchtigt und dadurch den Verein selbst erschüttert. Durch Abzweigung eines Theils des gesetzlichen Reservefonds eine Spezialreserve zu bilden, ist aber nach § 7 Ziffer 4 des Genoss.-Ges. nicht mehr zulässig, vielmehr darf der Reservefonds jetzt nur noch zur Deckung einer Unterbilanz verwendet werden und muß sonst dem Verein ungeschmälert erhalten bleiben. Spezialreserven können daher nur aus Theilen des Reingewinns angesammelt werden; ihr Zweck braucht nicht im Statut Aufnahme zu finden; sollte aber, um einer etwaigen Vertheilung derselben als „Gewinnvortrag" vorzubeugen, bei der Gründung eines solchen Fonds durch Generalversammlungsbeschluß festgestellt werden, so daß eine anderweitige Verwendung ohne vorgängige Abänderung dieses Beschlusses, die erst auf die Tagesordnung der Generalversammlung gesetzt werden müßte, ausgeschlossen wäre.

Gegenüber den heftigen Anfeindungen, deren sich die Consumvereine fortwährend zu erwehren haben, ist es wichtig, ihren Zusammenhang mit höheren idealen Bestrebungen auch im Statut zum Ausdruck zu bringen, und das geschieht u. a. durch Einrichtung eines Dispositionsfonds für Bildungszwecke. Allerdings besteht das Verbot des § 27 des alten Genoss.-Ges., wonach die Handlungen des Vorstandes nicht auf andere als die im

§ 1 des Genoss.-Ges. erwähnten geschäftlichen Zwecke gerichtet sein dürfen, im § 143 des neuen Genoss.-Ges. unverändert fort; indeß liegt, wie ich in meinem „Taschenbuch" S. 229 bis 231 ausgeführt habe, wohl keine Gefahr vor, daß man in dem Dispositionsfonds bei den im § 65 des Statuts ihm gezogenen engen Grenzen ein Zuwiderhandeln gegen dieses Verbot finden sollte.

Zu § 4. Es ist eine für größere Vereine schätzenswerthe Erleichterung der Vorstandswahl, daß auch Jemand in den Vorstand gewählt werden kann, der zur Zeit der Wahl noch nicht dem Verein angehörte, er muß nur, um die Vorstandschaft anzutreten, vorher dem Verein als Mitglied beitreten, also als Vorstandsmitglied Genosse sein. Uebrigens vergl. mein „Taschenbuch" S. 63 bis 76.

Bei Vereinen, welche die ganze Kraft eines Vorstandsmitglieds für sich in Anspruch nehmen, weil das Geschäft schon zu groß ist, um es noch im Nebenamt verwalten zu können, sollte dessen Wahl nicht auf drei Jahre, sondern auf gegenseitige 6monatliche Kündigung geschehen, um einem bewährten Vorstandsmitgliede eine gewisse Garantie dafür zu bieten, daß es bei pflichtmäßiger Erfüllung seiner Obliegenheiten nicht aus seiner Stellung entfernt und dadurch genöthigt werden wird, eine anderweite Beschäftigung zu suchen. Die Mitglieder der Consumvereine sind oft nicht geneigt, auf eine solche Aenderung einzugehen, weil sie darin eine Verkürzung ihres Wahlrechts zum Vorstande sehen und auf dieses Wahlrecht — gewiß mit Recht — großen Werth legen. Wir halten diese Abneigung nicht für gerechtfertigt; denn jedes Mitglied kann doch nur wünschen, denjenigen Gebrauch von seinem Wahlrecht zu machen, der es in den Stand setzt, die geeignetsten Kräfte zur Vereinsleitung zu gewinnen, tüchtige Kräfte aber werden von der Vorstandschaft abgeschreckt, wenn sie Gefahr laufen, bei der Neuwahl der zufälligen Mehrheit einer Generalversammlung, die in der Regel nicht die Mehrheit der Mitglieder umfaßt, zu unterliegen. Je größer ein Verein ist in seinem Geschäftsumfang und je zwingender daher für ihn das Bedürfniß ist, einen tüchtigen Vorstand recht lange festzuhalten, um so größer ist auch die Mitgliederzahl, und um so näher liegt die Gefahr, daß eine durch eine rührige Agitation zusammengebrachte kleine Minderzahl von Mitgliedern die Generalversammlung majorisirt und die Wiederwahl verdienter Vorstandsmitglieder hintertreibt, um einen ihrer Freunde dafür in den Vorstand zu bringen. Solche Agitationen sind weniger gefährlich, wenn sie darauf gerichtet sind, einem auf Kündigung gewählten Vorstandsmitgliede seine Stellung zu kündigen, weil ein solcher Antrag natürlich das lebhafte Interesse der Mitglieder erregen und eine starke Theilnahme an der Generalversammlung hervorrufen würde. Andererseits aber liegt darin, daß ein solcher Antrag, wenn er ausreichende Unterstützung findet, jederzeit gestellt werden kann, eine Erweiterung des Wahlrechts der Mitglieder gegenüber einer Wahl auf drei Jahre, die innerhalb dieser Periode es den Vereinsmitgliedern erheblich erschwert, von ihrem Wahlrecht praktischen Gebrauch zu machen. Wenn und insoweit die Wahl der Vorstandsmitglieder auf Kündigung erfolgt, sollte diese Kündigung auch nur auf Beschluß der Generalversammlung und nach gründlicher Vorberathung im Kreise der Vertrauensmänner, auf deren Vorschlag der Vorstand gewählt ist, des Aufsichtsraths, erfolgen. In vielen Fällen wird es zweckmäßig sein, zunächst nur den Geschäftsführer auf Kündigung zu wählen, und für die anderen beiden Vorstandsmitglieder die 3jährige

Wahlperiode beizubehalten. Danach ist dann § 4 Abs. 1 und 2 entsprechend zu ändern.

Wenn die Kündigung allgemein eingeführt wird, würde die Ueberschrift hinter § 19 lauten:

„e) Kündigung der Vorstandsmitglieder und Enthebung derselben von ihrem Amt",

und unmittelbar unter dieser Ueberschrift würde einzuschalten sein als:

§ 20a. Die Kündigung von Vorstandsmitgliedern (§ 4) seitens des Vereins geschieht durch den Aufsichtsrath nach Beschluß der Generalversammlung. Der Antrag darauf kann vom Aufsichtsrath oder dem zehnten Theil der Vereinsmitglieder schriftlich gestellt werden, und ist im letzteren Falle der Aufsichtsrath von der Generalversammlung vor der Beschlußfassung darüber zu hören.

Die Vorstandsmitglieder sind als Geschäftsführer, Kassirer und Controleur bezeichnet, weil dies der Vertheilung der Arbeiten unter ihnen, wie sie in den §§ 15—19 geordnet ist, entspricht. Die Arbeiten können aber auch anders vertheilt werden, und werden danach dann auch die Bezeichnungen für die Vorstandsmitglieder zu wählen sein.

Zu § 5. Entsprechend § 28 des Genoss.-Ges. ist hier im Absatz 2 besonders hervorgehoben, daß auch die Wiederwahl von Vorstandsmitgliedern bei Gericht anzumelden ist. Und zwar geschieht die „Anmeldung" — das ist überall die gesetzliche Bedeutung dieses Ausdrucks — durch sämmtliche Mitglieder des Vorstandes in Person oder durch Einreichung in beglaubigter Form. Es genügt im letzteren Falle die Beglaubigung der Unterschriften, die auch durch den Gemeindevorsteher oder die Polizeibehörde erfolgen kann. (Vergl. Bekanntmachung des Bundesraths § 8.)

In Betreff des Zeitpunktes der „Anmeldung“ ist zu berücksichtigen, daß nach § 39 Buchst. b des Statuts die Ergänzungswahlen in den Vorstand mehrere Wochen vor Beginn der Wahlperiode stattfinden sollen, daß es aber nicht zulässig ist, nun etwa sofort nach der Wahl die Anmeldung mit der Maßgabe zu bewirken, daß die Eintragung erst mit Beginn des nächsten Jahres rechtsgiltig werden soll. Vielmehr kann die Anmeldung erst mit Beginn der Wahlperiode erfolgen, da die Eintragung danach ohne Verzug vorgenommen und rechtsverbindlich wird.

Zu § 9. Ueber den halbjährigen Abschluß des Geschäfts vergl. unten zu § 61 und über die Zulassung mehrer Geschäftsantheile unten zu § 56.

Die Aufnahme von Mitgliedern so viel als möglich zu erleichtern, ist in der sozialen Stellung der Consumvereine begründet, es ist deshalb auf die Mitwirkung des Aufsichtsraths hierbei verzichtet und die Aufnahme lediglich dem Vorstande überlassen. Weiter zu gehen aber und, wie es vorkommt, ohne Beschluß des Vorstandes als aufgenommen anzusehen und dem Gericht als Mitglied anzuzeigen Jeden, der beim Lagerhalter eine Beitrittserklärung unterschrieben hat, das gewährt doch gar zu wenig Schutz gegen das Eindringen von Elementen, die dem Verein geradezu schädlich sein können. Bei einer solchen Handhabung würden auch leicht Fälschungen von Unterschriften durch unberechtigte Dritte vorkommen. Durch die Aufnahme seitens des leitenden Organs des Vereins soll dem neuen Genossen auch zum Bewußtsein gebracht werden, daß er damit Pflichten gegen die Genossenschaft übernommen und deren Interessen nach Kräften zu fördern hat.

Zu §§ 9 und 10. Wenn schon nach dem neuen Genoss.-Ges. die Vertretung der Genossenschaft nach außen durch einen Vorstand von mindestens zwei Personen geschehen muß, so liegt es auf der Hand, daß in einem Consumverein das für dessen Gedeihen wichtigste Geschäft, der Waaren-Einkauf, nicht durch ein Vorstandsmitglied, den Geschäftsführer allein, geschehen darf, sondern durch den Vorstand, d. h. unter Uebereinstimmung der Mehrheit desselben, also zweier Mitglieder, zu geschehen hat. Damit ist es sehr gut vereinbar, daß der Geschäftsführer sich um die Bezugsquellen und Waarenpreise besonders zu bekümmern hat und daher in den Vorstandssitzungen gewöhnlich die auf den Waaren-Einkauf bezüglichen Anträge zu stellen haben wird. Thatsächlich werden aber in manchen Vereinen, deren Vorstände den arbeitenden Klassen angehören und daher erst nach Feierabend der Genossenschaft sich widmen können, die Geschäfte anders gehandhabt, indem der Geschäftsführer, ohne die anderen Vorstandsmitglieder zu fragen, den Waaren-Einkauf allein besorgt. Das ist ein durchaus unzulässiges Verfahren, das dem Verein wie dem Geschäftsführer arge Verlegenheiten bereiten kann. So lange der Geschäftsführer nur Waaren einkauft, die schnell mit Gewinn abgesetzt werden, wird Niemand gegen seine Eigenmächtigkeit Widerspruch erheben, wenn er aber einen zu großen Posten einkauft und die Preise nachher weichen, oder wenn er Waare einkauft, die dem Geschmacke der Mitglieder nicht entspricht, so daß sie mit Verlust verkauft werden muß, kann es ihm begegnen, daß der Verein ihm die Waare zur Verfügung stellt, indem der Vorstand den fraglichen Einkauf ablehnt. Solchen Vorkommnissen muß im Interesse aller Betheiligten vorgebeugt und dafür gesorgt werden, daß wenigstens in der Regel Waarenbestellungen nur erfolgen auf Beschluß zweier Vorstandsmitglieder, die dann auch die betreffende Bestellung unterschreiben. Wenn aber ausnahmsweise bei dringendem Bedarf der Geschäftsführer auf eigene Verantwortung einen Einkauf machen muß, so ist dafür zu sorgen, daß möglich bald eine Vorstandssitzung stattfindet, die die bezügliche Maßnahme des Geschäftsführers nachträglich genehmigt. Bis dies geschehen, würde der Geschäftsführer für seinen Einkauf immer persönlich haftbar sein.

Die Beschlüsse des Vorstands und selbstverständlich auch die Waarenbestellungen sind nach dem Schlußsatz des § 10 in das Protokollbuch des Vorstands einzutragen. Zur Vermeidung unnöthigen Schreibwerks, das namentlich für Arbeiter, die etwa das Protokoll zu führen haben, lästig ist, wird man dabei folgendermaßen verfahren können: Die Waarenbestellungen erfolgen entweder mündlich bei Reisenden oder schriftlich durch Postkarte oder Brief. Die mündlichen Waarenbestellungen sind in das Bestellbuch unter laufender Nummer, und die schriftlichen in das Briefkopirbuch, das mit fortlaufenden Folienzahlen versehen ist, einzutragen bezw. abzuklatschen, nachdem sie von zwei Vorstandsmitgliedern unterzeichnet sind. Beide Bücher gehören zu den Nebenbüchern der Buchführung und sind mindestens 10 Jahre nach der letzten Eintragung den Vorschriften des Handels-Ges.-Buchs gemäß aufzubewahren. Es genügt daher, wenn im Protokoll des Vorstands, ohne den Inhalt der einzelnen Bestellungen näher zu bezeichnen, nur vermerkt wird: „Es werden die unter heutigem Tage im Bestellbuch bei Nr. . . . und im Briefkopirbuch Fol. . . . angegebenen Waarenbestellungen beschlossen."

Zu § 11. Der erste Absatz behandelt die dem Vorstand im Gesetz auferlegten Anmeldungen, der zweite die Anzeigen bezw. Anträge an das Gericht und Veröffentlichungen, und der dritte den Verkehr mit dem Gericht bezüglich des Eintritts und Ausscheidens von Mitgliedern.

Im ersten Absatz ist der Hinweis auf § 11 des Genoss.-Ges. nur praktisch für neue Vereine, würde aber wegzufallen haben bei Vereinen, die von der unbeschränkten Haftpflicht zur beschränkten Haftpflicht übergehen.

Im dritten Absatz ist eine monatliche Einreichung der Beitrittserklärungen neuer Mitglieder vorgeschlagen. Das Gesetz schreibt hierzu keinen bestimmten Termin vor, und wird es daher zweckmäßig sein, sich darüber mit dem Registerrichter zu verständigen. In längeren als monatlichen Zwischenräumen erst die Beitrittserklärungen einzureichen, wird aber bei aufblühenden Consumvereinen nicht angehen, im Gegentheil bei stärkerem Zutritt neuer Mitglieder die weitere Abkürzung dieser Frist nothwendig sein, um dem Gericht die ihm aus den Beitritten erwachsende Arbeit zu erleichtern. Diese Erleichterung etwa dadurch herbeiführen zu wollen, daß man, wie es vorgekommen, am Schlusse der Beitrittserklärung den Beitretenden darauf verzichten läßt, über seine Eintragung als Mitglied vom Gericht eine Benachrichtigung zu erhalten, widerspricht dem Genoss.-Ges.

Zu §§ 14—19. Es ist hier die Vertheilung der Arbeiten innerhalb des Vorstands beibehalten, wie ich sie in meinem „Taschenbuch" S. 72, 73 empfohlen habe, und wie sie auch bei der auf dem Deutschen Genossenschaftstage von 1889 angenommenen, im Abschnitt VI mit wenigen Abänderungen abgedruckten Instruktion für den Vorstand vorausgesetzt ist. Die in dieser Instruktion (§ 17) vorgesehene Buchführung ist die am Schluß meines „Taschenbuchs" ausführlich dargestellte Oppermannsche Buchführung. Wie die danach zu führenden Bücher unter die drei Vorstandsmitglieder zu vertheilen sind, darüber werden zum Theil jedenfalls die örtlichen Verhältnisse oder die größere und geringere Befähigung dieser Vorstandsmitglieder für solche Arbeiten entscheiden, aber überall wird darauf zu achten sein, daß die Vertheilung der Arbeiten eine gegenseitige Controle der Vorsteher sichert.

Zu § 22. Die in meinem „Taschenbuch" S. 74, 75 in Betreff der Besoldung des Vorstands gegebenen Rathschläge werden vielfach noch nicht beachtet. Die Tantième für den Vorstand wird bei vielen Vereinen lediglich nach dem Umsatz bemessen, obgleich er doch das Hauptgewicht seiner Thätigkeit auf den guten und billigen Waaren-Einkauf, der in einem hohen Reingewinn zum Ausdruck kommt, zu legen hat. Deshalb sollte neben einem gewissen garantirten Mindesteinkommen eine Tantième vom Reingewinn als Besoldung gewährt werden.

Zu § 23 Abs. 2. Dieser Absatz ist nur für neue Vereine und solche ältere Vereine erforderlich, die bisher die jährliche Drittelerneuerung des Aufsichtsraths noch nicht gehabt haben. Vereine mit unbeschränkter Haftpflicht, die diese Drittelerneuerung schon hatten und nun zur beschränkten Haftpflicht übergehen, werden den Abs. 2 folgendermaßen zu fassen haben:

„Von den Mitgliedern des Aufsichtsraths scheidet alljährlich 1/3 aus und wird durch Neuwahl ersetzt."

Wenn die Zahl der Aufsichtsrathsmitglieder nicht durch 3 ohne Rest theilbar ist, würde Abs. 2 sich auf vorstehenden Satz mit der Abänderung beschränken, welche in der Anmerkung zu § 23 des Statuts (unter dem Text) angegeben ist.

Zu § 24. Nach § 142 des Genoss.-Ges. ist Gewicht darauf zu legen, daß die Beschlußfähigkeit des Aufsichtsraths auch nicht zeitweise in Frage gestellt werden kann. Bei vier ordentlichen Generalversammlungen im Jahre (vergl. § 39) wird es einer außerordentlichen Generalversammlung zu diesem Behuf in der Regel nicht bedürfen. Allerdings ist es bisweilen vorgekommen, daß Aufsichtsrathsmitglieder, die mit der Vereinsleitung unzufrieden waren oder mit ihren Anträgen im Aufsichtsrath durchfielen, im Laufe der Wahlperiode durch eine einfache an den Verein gerichtete Anzeige meinten, aus dem Aufsichtsrath austreten zu können. Das ist aber ein Rechtsirrthum. Wer auf 3 Jahre das Mandat als Aufsichtsrathsmitglied übernommen hat, muß dasselbe auch, wenn er Vereinsmitglied bleibt, für diese 3 Jahre behalten und kann nur eventuell bei der Generalversammlung den Antrag stellen, daß ihn dieselbe aus dem Aufsichtsrath entlassen möge. Meist wird ja die Generalversammlung einem solchen Antrage Folge geben, weil sie kein Interesse daran hat, ein widerwilliges Aufsichtsrathsmitglied festzuhalten, aber sie braucht es nicht, und wird den Antrag ablehnen, wenn sie ihn für ungenügend begründet erachtet, oder eine Verletzung der Vereinsinteressen davon befürchtet. Jedenfalls muß der Antragsteller die Entscheidung der Generalversammlung abwarten und bis dahin seine Pflichten als Aufsichtsrathsmitglied erfüllen.

Zu § 26. Abs. 2 setzt voraus, daß die Mitglieder des Aufsichtsraths in der Regel die Sitzungen besuchen, und, insoweit sie daran behindert sind, ihre Abwesenheit ausdrücklich entschuldigen werden. Daß Jemand ohne Entschuldigung fehlt, ist als Ausnahme angenommen und soll dann im Protokoll vermerkt werden. Ein solcher Vermerk ist aber nicht nur eine Förmlichkeit, sondern kann eine größere praktische Bedeutung erlangen. Die Aufsichtsrathsmitglieder erfüllen ihre Pflichten wesentlich durch Theilnahme an den statutenmäßigen Sitzungen und an den dort gefaßten Beschlüssen; der Besuch dieser Sitzungen ist daher ihre Hauptobliegenheit, und für die dort gefaßten oder zu Unrecht nicht gefaßten Beschlüsse sind sie verantwortlich, sowohl wenn sie denselben beigewohnt haben, als wenn sie ihnen unentschuldigt fern geblieben sind. Von dieser Verantwortlichkeit werden sie nur frei, wenn sie für ihr Fehlen eine Entschuldigung beibringen, die auch einen „ordentlichen Geschäftsmann" von der Pflicht der Theilnahme entbindet, oder wenn sie ihren Protest gegen einen ihres Erachtens gefährlichen Beschluß haben zu Protokoll vermerken lassen.

Zu § 29. Nach dem Genoss.-Ges. ist die Generalversammlung nicht verpflichtet, für die Enthebung eines Aufsichtsrathsmitglieds Gründe anzugeben, sondern es genügt für die Giltigkeit eines dahin gehenden Beschlusses, daß er ordnungsmäßig auf der Tagesordnung der Generalversammlung gestanden und mit einer Mehrheit von $^3/_4$ der erschienenen Genossen gefaßt ist. Man darf wohl hoffen, daß in dieser größeren Mehrheit ein wirksamer Schutz für die Aufsichtsrathsmitglieder gegen eine unbillige Härte der Generalversammlung liegen wird, zumal die ihnen etwa gewährte Entschädigung nirgends so hoch sein wird, um den Wettbewerb um diese Ehrenposten besonders zu begünstigen.

Zu § 31 vergl. die Instruktion für den Aufsichtsrath in Abschnitt VI unter b.

Zu §§ 33, 34. Es sind hier diejenigen Angelegenheiten getrennt voneinander behandelt, bei denen der Vorstand die Genehmigung des Aufsichtsraths einzuholen hat (§ 33), und diejenigen, über die die gemeinschaftliche Sitzung des Vorstandes und Aufsichtsraths entscheidet (§ 34), weil bei allen diesen Angelegenheiten zwar die Berathung des Vorstandes und Aufsichtsraths eine gemeinsame sein kann, die Beschlußfassung beider Kollegien aber, insoweit es sich um Maßregeln der Verwaltung handelt, die den Verein mit einem Risiko belasten (§ 33), eine getrennte sein muß, dergestalt, daß eine Majorisirung des Vorstandes durch die größere Zahl der Aufsichtsrathsmitglieder ausgeschlossen ist. Denn wenn auch § 36 Abs. 4 des Genoss.-Ges. bestimmt, daß weitere Obliegenheiten, als das Gesetz für den Aufsichtsrath bestimmt, durch das Statut bestimmt werden, so darf doch das Statut dem Aufsichtsrath niemals die Verwaltung übertragen oder sonst Rechte zuerkennen, die mit seiner gesetzlichen Aufgabe, die Geschäftsführung und Verwaltung zu überwachen und zu kontroliren, unvereinbar sein würden. Hierin sind auch jetzt noch die Ausführungen meines „Taschenbuchs" S. 55—62 zutreffend; denn das Genoss.-Ges. von 1889 hat nur noch klarer als das frühere von 1868 Vorstand und Aufsichtsrath in ihrer rechtlichen Stellung auseinandergehalten, und es kann nicht scharf genug hervorgehoben werden, wie verkehrt und gesetzwidrig die Praxis ist, die sich bei manchen Consumvereinen eingebürgert hat, den Vorstand nur als die Exekutive des Aufsichtsraths zu behandeln, dessen Beschlüsse er auszuführen habe. Freilich ist jetzt der Aufsichtsrath ebenso wie der Vorstand ein nothwendiges Organ, welches in keiner Genossenschaft fehlen darf, aber der Vorstand, der den Verein nach außen vertritt, sollte schon durch diese Machtvollkommenheit gegen den Versuch geschützt sein, dem Aufsichtsrath untergeordnet zu werden. Hiernach sind in § 33 diejenigen Angelegenheiten aufgeführt, bei denen der Vorstand an die Genehmigung des Aufsichtsraths gebunden ist, so daß sie in positivem Sinne nur durch einen übereinstimmenden

Beschluß des Vorstandes und des Aufsichtsraths erledigt werden können, und dem Vorstande als den für die Geschäftsführung verantwortlichen Organ dabei das Recht gewahrt ist, in erster Linie bezügliche Vorschläge zu machen, ohne einen solchen Vorschlag der Aufsichtsrath nicht in die Lage kommt, über die Frage einen Beschluß zu fassen. Dagegen sind in § 34 diejenigen Angelegenheiten aufgeführt, über die die gemeinschaftliche Sitzung des Vorstandes und Aufsichtsraths in der Weise entscheidet, daß die Mehrheit der Anwesenden, gleichviel, ob sie dem Vorstande oder Aufsichtsrathe angehören, zu einem giltigen Beschluß genügt. Dabei kann es allerdings vorkommen bei einem Vorstand von 3 und einem Aufsichtsrath von z. B. 9 Mitgliedern, daß letztere die 3 Vorstandsmitglieder niederstimmen, es kann auch vorkommen, daß mit den 3 Vorstandsmitgliedern 4 Aufsichtsrathsmitglieder zusammengehen und die Mehrheit des Aufsichtsraths niederstimmen, aber bei angemessener Begrenzung der Zuständigkeit der gemeinschaftlichen Sitzung wird weder in dem einen noch im anderen Fall die Entscheidung zu einer Verschiebung der Verantwortlichkeit zwischen Vorstand und Aufsichtsrath führen, und die Art der Abstimmung deshalb bemängelt werden können.

Es ist nun aber gesagt worden, daß durch die mit Mehrheit der Anwesenden erfolgende Abstimmung in gemeinschaftlicher Sitzung ein neues Organ geschaffen werde, das im Gesetz nicht vorgesehen sei. Aber wenn man dies auch zugeben will, folgt daraus noch nicht die Unzulässigkeit eines solchen Verfahrens, und andererseits kann es bei getrennter Abstimmung beider Kollegien in gemeinschaftlicher Sitzung dahin kommen, daß in Fragen, in denen ein Beschluß in dem einen oder anderen Sinne dringend geboten ist, gleichwohl wegen der fehlenden Uebereinstimmung zwischen

Vorstand und Aufsichtsrath ein solcher nicht zu Stande kommt, z. B. wenn Geschäfts-Instruktionen erlassen werden sollen, wenn es sich um Bestimmung der Buchführung handelt, wenn der Dispositionsfonds für Bildungszwecke verwendet werden soll, wenn Deputirte zu Verbandstagen zu wählen sind u. s. w. Soll dann bei Meinungsverschiedenheit zwischen Vorstand und Aufsichtsrath die Sache vor die Generalversammlung kommen oder soll sie unerledigt bleiben? Das eine wie das andere läge gewiß nicht im Interesse des Vereins.

Allerdings hat das Kammergericht in einem Spezialfalle als Beschwerde-Instanz gegen die Zulässigkeit der in § 34 Abs. 3 empfohlenen Abstimmungsweise in der gemeinschaftlichen Sitzung entschieden. Will man sich diesem Standpunkt anbequemen, so könnten die in den §§ 33, 34 aufgeführten Angelegenheiten alle der gemeinschaftlichen Sitzung überwiesen und durch Vereinigung der beiden Paragraphen zu einem das Statut vereinfacht werden. Denn die getrennte Abstimmung beider Kollegien wäre dann für alle diese Fragen Vorschrift, und eine gemeinschaftliche Berathung wäre auch bei den Angelegenheiten des § 33 nicht bedenklich.

Die in § 33 Ziffer 1—3 zu ziehenden Grenzen werden mit der fortschreitenden Entwicklung jedes Vereins entsprechend zu erweitern sein, und daraus würde dann auch die Erweiterung in § 47 Ziffer 16 folgen. Man darf daher die Aenderung dieser Statutenvorschriften nicht unnöthig erschweren, und ist das der Grund, weshalb in Abs. 2 des § 33 zur Aenderung dieser Grenzen nur ein einfacher Generalversammlungsbeschluß erfordert wird, während sonst zu Statutenänderungen im § 45 schwerere Bedingungen gestellt sind.

Zu § 35. Nach § 61 Abs. 1 des Genoss.-Ges. ist zu der „Revision" durch einen unparteiischen Sachverständigen der Aufsichtsrath zuzuziehen. Dieser Vorschrift soll § 35 genügen. Dem Revisor kann dabei nicht die Verpflichtung auferlegt werden, in gemeinschaftlicher Sitzung des Vorstandes und Aufsichtsraths Bericht zu erstatten, weil er als Nichtmitglied durch das Statut selbstverständlich nicht gebunden wird.

Zu § 36. In Abs. 2 ist auch der Fall der Mitgliedschaft einer eingetragenen Genossenschaft bei einem Consumverein in Aussicht genommen. Auch von landwirthschaftlichen Consumvereinen abgesehen, ist der Fall wohl denkbar, daß ein kleiner Consumverein auf dem Lande einem größeren städtischen Consumverein in der Nähe als Mitglied beitritt, um für gewisse Waaren sich eine gute und bequem gelegene Bezugsquelle zu sichern. Bei beschränkter Haftpflicht, zumal wenn dieselbe so eng begrenzt ist, wie im Statut vorgeschlagen wird, ist das Risiko, das der Mitgliedgenossenschaft aus ihrer Mitgliedschaft erwächst, so geringfügig, daß dasselbe schon durch wenige vortheilhafte Waarenbezüge von der betr. Zentralstelle vollständig aufgewogen wird.

Zu § 37. Die Frist von 1 Woche für die Einladung zur Generalversammlung im Statut abzukürzen, ist nach dem Genoss.-Ges. nicht zulässig. Selbstverständlich muß auch auf genaue Einhaltung der statutarischen Frist gehalten werden, da andernfalls die Giltigkeit der gefaßten Beschlüsse im Wege der Klage angefochten werden kann (§ 49 des Genoss.-Ges.).

Die Einladungen zu den Generalversammlungen durch Bekanntmachung in einem öffentlichen Blatt zu erlassen, schreibt das Gesetz nicht vor, es wird dies aber in der

Regel schon deshalb die geeignetste Art der Einladung sein, weil dann die Einhaltung der statutarischen Frist leicht festgestellt werden kann. Kleine Vereine begnügen sich mit der Einladung durch Aushang im Geschäftslokal, was zulässig ist. Dann muß aber § 37 natürlich anders gefaßt und Vorsorge getroffen werden, daß nicht über die rechtzeitige Anbringung des Aushangs Zweifel entstehen können.

Zu § 38. Nicht selten findet man und zwar als letzten Punkt der Tagesordnung der Generalversammlung bekannt gemacht: „Vereinsangelegenheiten" oder „Innere Angelegenheiten" oder „Verschiedenes" oder „Geschäftliches" oder eine ähnliche Bezeichnung, die den Gegenstand der Verhandlung nicht erkennen läßt, vielleicht auch nicht erkennen lassen soll, indem man sich vorbehält, unter dieser Ueberschrift über alle möglichen Wünsche aus dem Kreise der Mitglieder zu berathen. Gegen derartige Berathungen ist auch nichts einzuwenden, im Gegentheil können sie zur Klärung mancher Fragen viel beitragen, indeß dürfen Beschlüsse über solche nicht angekündigte Gegenstände nicht gefaßt werden, da sie im Wege der Klage anfechtbar sein würden. — Auch ist darauf zu achten, daß eine etwaige Ergänzung der Tagesordnung nicht später als 3 Tage vor der Generalversammlung veröffentlicht wird, weil dies die im Genoss.-Ges. hierfür zugelassene äußerste Frist ist, und eine spätere Veröffentlichung rechtlich keine Wirkung haben würde, selbst wenn man im Statut etwas anderes bestimmte.

Zu § 39. Nach § 71 des Genoss.-Ges. hat zwar die Genossenschaft Zeit, binnen 6 Monaten nach dem Ausscheiden das Geschäftsguthaben an die Ausgeschiedenen herauszuzahlen und brauchte deshalb auch nur wenig früher die Halbjahrsrechnung der Generalversammlung zur Entlastung zu unterbreiten; indeß muß in einem gut geordneten

Consumverein der Rechnungsabschluß in 4 Wochen fertig gestellt und revidirt werden können, und wenn dies der Fall ist, dann ist es auch gerade gegenüber den in den Consumvereinen am stärksten vertretenen Klassen recht und billig, die Ausgeschiedenen auf ihr Geschäftsguthaben nicht länger warten zu lassen, als es im Interesse der Genossenschaft nothwendig ist. Deshalb soll die Generalversammlung zur Genehmigung des Rechnungsabschlusses innerhalb 6 Wochen des neuen Halbjahres stattfinden.

Zu § 43. Es ist hier die Abstimmung über alle zur Entscheidung der Generalversammlung kommenden Fragen geordnet. Daß über Ausschließung von Mitgliedern schriftlich abgestimmt wird, entspricht der allgemeinen Uebung. In dem bei Consumvereinen seltenen Falle, daß es sich in einer Generalversammlung um Ausschließung mehrer Mitglieder handelt, wird es rathsam sein, die Namen der Auszuschließenden auf einem Zettel zusammengestellt zu vervielfältigen und in der Generalversammlung zu vertheilen mit der Maßgabe, daß durch ein den einzelnen Namen beigefügtes „Ja" oder „Nein" die anwesenden Mitglieder ihre Zustimmung zur Ausschließung oder ihren Widerspruch dagegen bekunden. Auf diese Weise kann die Entscheidung über alle Auszuschließende in einer Abstimmung herbeigeführt werden.

Bei den Wahlen in den Aufsichtsrath war in Abs. 3 auch der Fall zu berücksichtigen, der eintreten kann, daß mehr Personen die absolute Stimmenmehrheit erhalten, als zu wählen sind.

Da die Wahl der Vorstandsmitglieder auf Vorschlag des Aufsichtsraths erfolgt, dieser Vorschlag, der sich nur auf eine Person bezieht, also der Gegenstand der Abstimmung der Generalversammlung ist, so ist es, wie auch in meinem „Taschenbuch" S. 64 ausgeführt wird, sachgemäß, über diesen Vorschlag mit „Ja" und „Nein" abzustimmen. Man hat darin bisweilen eine Beschränkung des Wahlrechts der Generalversammlung gefunden, aber mit Unrecht; denn die Generalversammlung behält das Recht, jeden ihr nicht genehmen Vorschlag abzulehnen, solange, bis ihr derjenige Kandidat vorgeschlagen wird, den sie haben will. Und wenn selbst so abgestimmt würde, daß der Name des zu Wählenden auf den Stimmzettel gesetzt wird, so würden die Mitglieder dadurch keine größere Einwirkung auf die Wahl erhalten. Denn wenn dann selbst ein anderer als der vom Aufsichtsrath vorgeschlagene die Mehrheit auf sich vereinigte, würde derselbe doch nicht gewählt sein, weil er vom Aufsichtsrath nicht vorgeschlagen ist.

Zu § 44. Eine selbstverständliche Voraussetzung für die Giltigkeit eines Beschlusses der Generalversammlung ist die, daß derselbe nicht einer Vorschrift des Statuts oder des Gesetzes widerspricht. Es sollte nicht nöthig sein, darauf erst noch besonders hinzuweisen, aber die Generalversammlungen sind bisweilen der irrigen Ansicht, daß sie auch ohne vorgängige Aenderung des Statuts einen demselben entgegenstehenden Beschluß fassen dürften. Ein solcher Beschluß darf vom Vorstand nicht ausgeführt werden.

Zu § 45. Das Erforderniß einer Mehrheit von drei Vierteln der erschienenen Genossen ist in den Fällen unter a und b, sowie bei Erhöhung des Geschäftsantheils (unter c) und bei Erhöhung der Haftsumme (unter e) gesetzlich festgestellt, so daß das Statut daran nichts ändern kann. Nur bei Herabsetzung des Geschäftsantheils und bei Herabsetzung der Haftsumme, sowie bei den unter d aufgeführten Fragen verlangt das Gesetz diese Mehrheit nicht, erschwert aber in § 22 Abs. 1 und § 127 Abs. 1 die Ausführung der bezüglichen Beschlüsse so, daß es eine natürliche Konsequenz ist, für den Beschluß selbst auch die Dreiviertel-Mehrheit zu verlangen.

Ueber Auflösung des Vereins und Statutenänderungen zwei Generalversammlungen entscheiden zu lassen, ist im Gesetz nicht verlangt, empfiehlt sich aber, um die Gründlichkeit der Berathungen zu fördern. Dabei ist nach parlamentarischen Grundsätzen zu beachten, daß, wenn in erster Lesung ein bezüglicher Antrag abgelehnt ist, dieser abgelehnte Antrag doch noch in zweiter Lesung eventuell mit Dreiviertel-Mehrheit angenommen werden kann und dann rechtsverbindlich wird. Oft wird ja allerdings die Ablehnung in erster Lesung schon die Aussichtslosigkeit des Antrags ergeben, so daß die Antragsteller auf die zweite Lesung verzichten. Umgekehrt kann der Annahme in erster Lesung die Ablehnung in zweiter Lesung folgen und ist dann der Antrag verworfen.

Zu § 46. Daß die Protokolle irgend etwas über den Inhalt der Berathungen bringen, ist überflüssig und entspricht nicht dem Wesen eines Protokolls. Um so wichtiger ist es, daß die gefaßten Beschlüsse wortgetreu wiedergegeben werden, und bei Wahlen die Vertheilung der Stimmen nach dem Protokoll erkennen läßt, daß die Gewählten die Mehrheit der Stimmen der erschienenen Mitglieder erhalten haben, und sonst ordnungsmäßig verfahren ist. Vergl. das Probeprotokoll in meinem „Taschenbuch" S. 348—351.

Zu § 47. Es ist ein gerade bei Konsumvereinen weit verbreiteter Irrthum, daß die Generalversammlung in allen Vereinsangelegenheiten „souverän" sei und sich um die Zuständigkeit der andern Vereinsorgane nicht zu kümmern brauche. Das ist nicht zutreffend. Die Generalversammlung hat nur diejenigen Rechte, welche ihr im Gesetz oder im Statut ausdrücklich übertragen sind. Wenn sie über andere Dinge Beschlüsse faßt, so sind dieselben nichtig. Es ist deshalb Gewicht darauf zu legen, daß das Statut die Zuständigkeit der Generalversammlung klar begrenzt. § 47 unterscheidet sich fast nur formell von dem entsprechenden § 46 meines früheren Musterstatuts. Vergl. „Taschenbuch" S. 335, 336, 48—54. Hinzugekommen ist Ziff. 22 entsprechend der gesetzlichen Vorschrift, wonach der Bericht des der Genossenschaft nicht angehörigen sachverständigen Revisors über seine Revision bei der Berufung der nächsten Generalversammlung als Gegenstand der Beschlußfassung anzukündigen ist, und der Aufsichtsrath sich in der Generalversammlung über das Ergebniß der Revision zu erklären hat. Die Beschlußfassung über den Revisionsbericht wird eventuell diejenigen Punkte desselben zu betreffen haben, die der Zuständigkeit der Generalversammlung unterliegen.

Zu §§ 48—53. Diese Bestimmungen schließen sich genau den Vorschriften des Gesetzes an. Insoweit Aenderungen daran zulässig sind, wird dies nachstehend bei den einzelnen Paragraphen erwähnt.

Zu § 48. Die Beitrittserklärung in zwei gleichlautenden Exemplaren unterschreiben zu lassen und eines davon bei den Vereinsakten zurückzubehalten, verlangt das Gesetz nicht, es hat sich aber allgemein bewährt und ermöglicht dem Verein den Beweis der Mitgliedschaft in dem immerhin möglichen Fall, daß das bei Gericht niedergelegte Exemplar durch irgend einen Zufall, Brand oder dergl. in Verlust kommt. Um für die Echtheit der Unterschrift des Beitretenden eine Gewähr zu erhalten, wäre es sehr erwünscht, die Beitrittserklärung in beiden Exemplaren in Anwesenheit eines Vorstandsmitglieds unterschreiben zu lassen. Das wird aber oft nicht durchzuführen sein, dann aber sollte die Unterzeichnung wenigstens im Beisein des Lagerhalters erfolgen und dieser als Zeuge das dem Verein verbleibende Exemplar mitunterschreiben.

Wenn in Abs. 3 die Aufnahmefähigkeit allen Personen zugesprochen ist, welche sich durch Verträge verpflichten können, so hat damit, wie schon § 36 Abs. 2 ergab, die Mitgliedschaft nicht auf physische Personen beschränkt werden sollen.

Zu § 49. Das neue Genoss.-Ges. hat manche Erschwerungen des Ausscheidens aus der Genossenschaft eingeführt, indem es das Ausscheiden, auch wenn dasselbe durch den Tod herbeigeführt ist, nur am Schluß der Geschäftsperiode gestattet, ebenso den Austritt und letztern von einer mindestens 3monatlichen Kündigung abhängig macht. Außerdem ist, wie schon früher erwähnt wurde, für die Rückzahlung des Geschäftsguthabens an Ausgeschiedene die Frist gegenüber dem Genoss.-Ges. von 1868 verdoppelt. Durch diese Vorschriften wird es den Arbeitern, die in den Konsumvereinen sehr zahlreich sind, oft mehr als es ihrer wirthschaftlichen Lage gemäß und im Interesse der Vereine nothwendig ist, erschwert, die Verfügung über ihre als Geschäftsguthaben angesammelten Ersparnisse wiederzuerlangen. Um diesem Uebelstande abzuhelfen, hat das neue Genoss.-Ges. (§ 74) die Uebertragung des Geschäftsguthabens bezw. der Mitgliedschaft eingeführt, die aber bisher weniger Eingang gefunden zu haben scheint, als sie es unseres Erachtens verdient. Man spricht bisweilen von der Uebertragung des Geschäftsguthabens eines verstorbenen Mitglieds auf dessen Erben oder Wittwe, aber mit Unrecht; denn hier kann von keiner „Uebertragung" im Sinne des

§ 74 des Genoss.-Ges., sondern nur davon die Rede sein, daß entweder die Erben des verstorbenen Mitglieds dessen Mitgliedschaft bis zum Ende des Sterbejahres, aber nicht länger, fortsetzen, oder daß die Wittwe oder ein anderer Erbe nun ihrerseits als Mitglied beitreten, und das Geschäftsguthaben des Verstorbenen auf sie umgeschrieben wird, was aber nur bei Zustimmung der andern Miterben zulässig sein würde. Eine „Uebertragung" kann nur unter Lebenden stattfinden; denn sie hat eine schriftliche Uebereinkunft zwischen demjenigen, der sein Geschäftsguthaben überträgt, und demjenigen, auf den es übertragen wird, zur Voraussetzung, sie kann stattfinden an Jemand, der bisher nicht Mitglied war und nun Mitglied wird, sie kann aber auch stattfinden an Jemand, der schon Mitglied war, wenn dessen Geschäftsguthaben zuzüglich des ihm übertragenen den Geschäftsantheil nicht übersteigt. Wenn z. B. der Geschäftsantheil 30 Mark beträgt und die Betheiligung mit mehr als einem Geschäftsantheil nicht zugelassen ist, so kann Jemand, der 25 Mark Geschäftsguthaben hat, dieses nur an ein anderes Mitglied, das nicht mehr als 5 Mark Geschäftsguthaben hat, übertragen. Denn die Uebertragung darf die Gesammtsumme der Geschäftsguthaben in der Vereinskasse nicht schmälern, darf nicht eine Herauszahlung von Geschäftsguthaben aus der Vereinskasse zur Folge haben. Das durch die Uebertragung ausscheidende Mitglied erhält die Verfügung über sein Geschäftsguthaben dadurch zurück, daß das für ihn eintretende oder sein Geschäftsguthaben übernehmende Mitglied ihm dasselbe auszahlt und dafür das Geschäftsguthaben in der Vereinskasse sich übertragen läßt. Es kann eine solche Uebertragung jederzeit, auch mitten im Jahre, geschehen und wird rechtskräftig dadurch, daß sie auf Grund der vom Vorstand dem Gericht eingereichten Uebereinkunft*) bei dem veräußernden Genossen in die Liste eingetragen wird. Die Eintragung hat unverzüglich zu erfolgen. Wenn das Statut über die Uebertragung nichts enthält, gilt dieselbe ohne jede Einschränkung, und der Verein hat höchstens das Recht bei Uebertragung des Geschäftsguthabens auf eine Person, die bisher nicht Mitglied war, darüber zu beschließen, ob er dieselbe als Mitglied aufnehmen will. Um aber dieses Recht außer Frage zu stellen und dem Verein die Möglichkeit zu sichern, die Uebertragung zu hindern, wenn damit Mißbrauch getrieben werden sollte, ist dieselbe in Abs. 2 des § 49 allgemein an die Genehmigung des Vorstands und Aufsichtsraths gebunden, was zulässig ist, da nach dem Gesetz das Statut die Uebertragung ausschließen oder an weitere Voraussetzungen knüpfen kann, als schon im Gesetz vorgesehen sind.

In dieser Beschränkung wird die Uebertragung aber bei Consumvereinen keinen Bedenken unterliegen, da dieselbe das eigene Kapital des Vereins nicht schmälert.

Zu § 50. Zu einer längeren als 4monatlichen Kündigungsfrist für den Austritt wird bei Consumvereinen

*) Das Formular zu einer solchen Uebereinkunft würde lauten:

N. den . . ten . . .

Der P. P. zu N. überträgt hiermit in Anwendung des § 74 des Genoss.-Ges. vom 1. Juni 1889 sein Geschäftsguthaben bei dem Konsumverein zu N. Eingetragene Genossenschaft mit beschränkter Haftpflicht im Betrage von . . Mk. . . Pf. an den X. X. zu O., welcher die Uebertragung annimmt.

P. P. X. X.

Vergl. L. Parisius und Dr. Crüger: Formularbuch zum Reichsgesetz, betreffend die Erwerbs- und Wirthsch.-Gen. Berlin 1892, S. 65.

kein Bedürfniß vorliegen. Eher kommt in Frage, ob man sich nicht mit der gesetzlich (§ 63 des Genoss.-Ges.) zulässigen kürzesten 3monatlichen Kündigungsfrist begnügen will. Erschwerungen des Austritts wirken mittelbar auch auf den Eintritt neuer Mitglieder hemmend ein und dürfen deshalb nicht weiter ausgedehnt werden, als im Interesse der Sicherheit des Geschäftsbetriebs geboten ist. Bei einem Consumverein kommt es hier darauf an, daß er die in seiner Mitgliedschaft gegebene Kundschaft bei seinen Waareneinkäufen im voraus übersehen kann und die Gefahr vermeidet, Waarenvorräthe anzuschaffen, für die ihm nachher die Abnehmer fehlen würden, weil inzwischen viele Mitglieder ausgeschieden sind, ohne durch neue Mitglieder ersetzt zu werden. Vereine also, die auch Waaren auf Lager halten, in denen nur ein langsamerer Umsatz erzielt wird, werden mit einer nur 3monatlichen Kündigung für den Austritt nicht immer ausreichen.

Zu § 51. Die unter a und b aufgeführten Gründe rechtfertigen den Ausschluß schon nach dem Genoss.-Ges., auch wenn sie im Statut nicht ausdrücklich Aufnahme gefunden haben. Weitere Gründe für die Ausschließung aber müssen im Statut angegeben werden, eine Ausschließung aus anderen als im Statut festgelegten Gründen würde im Rechtswege anfechtbar sein. Es wäre ein grober Irrthum, anzunehmen, die Generalversammlung könne einen Genossen ausschließen ohne Rücksicht auf das Statut, weil sie denselben für kein nützliches Mitglied halte. Unter c ist nun die „Nichterfüllung der statutenmäßigen Verpflichtungen," wie dieselben im § 55 einzeln aufgeführt sind, als Ausschließungsgrund angegeben, und es ist als besonders wichtig hervorgehoben, daß ein Mitglied der Verpflichtung zur Waarenentnahme vom Verein längere Zeit nicht nachgekommen ist. Waaren im Verein zu kaufen ist nicht nur ein Recht, sondern auch eine Pflicht der Mitglieder, zumal nachdem durch § 8 Abs. 4 des Genoss.-Ges. der Verkauf an Nichtmitglieder wesentlich beschränkt ist, der Verein also ohne einen flotten Absatz an die Mitglieder garnicht bestehen kann. Mitglieder, die für drei auf einander folgende Rechnungsperioden keine Dividendenmarken abliefern, also auch solange keine Waaren vom Verein bezogen haben, sind für denselben werthlos, ihr Ausschluß ist daher gerechtfertigt.

Um jeder Willkür bei der Ausschließung vorzubeugen, empfiehlt es sich, dieselbe der Generalversammlung vorzubehalten und die Initiative dabei dem Vorstand und Aufsichtsrath zu überlassen, die am besten prüfen können, ob im einzelnen Falle die „Nichterfüllung statutenmäßiger Verpflichtungen" entschuldbar erscheint und deshalb vom Ausschluß abzusehen ist.

Zu § 52. Der Tod endet nach dem Gesetz mit dem Schlusse der Rechnungsperiode die Mitgliedschaft auch dann, wenn die Eintragung des Todesfalls ins Genossenschaftsregister erst in der nächstfolgenden Rechnungsperiode oder noch später herbeigeführt wird; in allen anderen Fällen hängt, wie § 49 Abs. 1 angiebt, das Ende der Mitgliedschaft auch von der Eintragung in die gerichtliche Liste ab, und ist daher darauf zu achten, daß, wie auch § 11 Abs. 3 des Statuts vorschreibt, die Abmeldung ausscheidender Genossen rechtzeitig, d. h. 6 Wochen vor Schluß des Geschäftshalbjahrs vom Vorstand bewirkt wird. In Betreff der durch Tod ausscheidenden Mitglieder verlangt aber das Gesetz ausdrücklich, daß der Todesfall ohne Verzug dem Gericht angezeigt werde. Abs. 2 des § 52 entspricht dieser Anforderung des Gesetzes.

Zu § 53. Hier ist für die Rückzahlung des Geschäftsguthabens an die Ausgeschiedenen eine Frist von längstens 8 Wochen nach Schluß des Geschäftshalbjahrs festgesetzt, aus den schon oben zu § 39 angegebenen Gründen. Durchaus unzulässig ist es, das Geschäftsguthaben vor Genehmigung der Bilanz oder sogar vor dem Ausscheiden an den Ausscheidenden zurückzuzahlen, wenn auch nicht selten dahin gehende Wünsche von Mitgliedern, die ihren Wohnsitz verändern, an die Vorstände herantreten. Vergl. § 57 Abs. 2 des Statuts.

Es kommt öfter vor, daß geringfügige Geschäftsguthaben ausgeschiedener Mitglieder, namentlich wenn das Ausscheiden durch Ausschließung erfolgt ist, von den Ausgeschiedenen nicht abgehoben werden und dann in den Büchern von Halbjahr zu Halbjahr als eine Schuld des Vereins weiter gebucht werden müssen. Das ist für die Vereine eine große Last. § 72 des Genoss.-Ges. giebt den Weg an, wie sich dieselben hier helfen können, und ist demgemäß Abs. 2 des § 53 hinzugefügt.

Zu § 55 Litt. b. Das Eintrittsgeld in Consumvereinen höher als auf 1 Mark zu bestimmen, muß als eine durchaus unzweckmäßige, den sozialen Aufgaben derselben widersprechende Erschwerung des Beitritts entschieden widerrathen werden. Ursprünglich war das Eintrittsgeld ein Ersatz für das Austrittsgeld, das bei den ältesten Vereinen eingeführt war, aber schon nach dem früheren Genoss.-Ges. nicht erhoben werden durfte. Daraus ergab sich die Vorschrift eines Musterstatuts (vergl. „Taschenbuch“ S. 106), das Eintrittsgeld bis zum Austritt zu kreditiren. Aus dieser Kreditirung können sich aber unbequeme Weiterungen ergeben, außerdem sind die Vortheile, die die Vereine ihren Mitgliedern bieten, in den breiten Massen des Volkes hinreichend bekannt, um in dem Eintrittsgeld von 1 Mark, auch wenn es sogleich bezahlt werden muß, eine Abschreckung vom Beitritt nicht mehr befürchten zu müssen. Deshalb empfehle ich nun, wie es bei der großen Mehrzahl der Consumvereine sich auch schon bewährt hat, das Eintrittsgeld sogleich bei der Aufnahme zu erheben.

Zu § 55 Litt. c. vergl. oben zu § 51.

Zu §§ 56 bis 58. Ueber das Verhältniß der Haftsumme zum Geschäftsantheil besteht noch immer bei vielen Mitgliedern der Consumvereine Unklarheit, indem dieselben, ähnlich wie bei der Aktiengesellschaft die Aktie haftet, so bei der Genossenschaft mit beschränkter Haftpflicht den Geschäftsantheil für dasjenige halten, was den Gläubigern haftet, ohne daß es für sie — abgesehen von etwaigen Reserven — noch eine weitere Sicherheit gäbe. Daß diese Auffassung irrig ist, ist schon oben im I. Abschnitt dargestellt. Die Haftsumme besteht neben dem Geschäftsguthaben des Mitglieds, wird aber nur dann praktisch, wenn die Genossenschaft in Konkurs verfällt; bis dahin haben die Genossen auf Grund ihrer Haftsumme keine Zahlungen zu leisten, während der Geschäftsantheil nach und nach theils durch baare Einzahlungen theils durch Zuschreibung der Dividende anzusammeln ist.

Die Haftsumme ist auf 30 Mark bestimmt, ebenso hoch wie der Geschäftsantheil. Nach dem Genoss.-Ges. kann sie auch höher, also z. B. auf 40 Mark oder 50 Mark, aber nicht niedriger als der Geschäftsantheil bestimmt werden. Auch eine Haftsumme von 40 Mark oder 50 Mark würde noch keinen ernsten Bedenken unterliegen, insofern bis zu diesem Betrage auch weniger bemittelte Arbeiter auf Grund ihrer Haftpflicht zur Befriedigung der Gläubiger noch würden beisteuern können, ohne sich dadurch zu ruiniren. Je höher aber die Haftsumme bemessen wird, umsomehr verliert die in der Haftsumme gegebene Beschränkung der Haftpflicht für die unbemittelten Mitglieder ihre praktische Bedeutung. Wollte man z. B. die Haftsumme auf 300 Mark bestimmen, so würde für manche Mitglieder die Aufbringung dieser Summe schon gleichbedeutend sein mit ihrem wirthschaftlichen Ruin, so daß sie bei unbeschränkter Haftpflicht auch nicht mehr leisten könnten, und die Beschränkung der Haftpflicht ihnen thatsächlich keine Erleichterung brächte. Darauf sollte bei Bemessung der Haftsumme umsomehr Rücksicht genommen werden, weil die Consumvereine in erster Linie für die Besserung der wirthschaftlichen Lage der unbemittelten Klassen geschaffen sind. Eine Haftsumme von 30 Mark, wie sie in § 58 vorgeschlagen ist, wird meist auch dem Bedürfniß genügen, d. h. den Vereinen den erforderlichen Kredit sichern, soweit sie desselben namentlich im Anfang ihrer Thätigkeit benöthigt sind.

Für wohlhabendere Mitglieder bietet die Erwerbung eines zweiten und dritten Geschäftsantheils Gelegenheit zu einer entsprechenden Vervielfältigung der Haftsumme, die bei der Vermögenslage dieser Mitglieder durchaus unbedenklich ist und den Kredit des Vereins weiter erhöht. Aus welchen Gründen es rathsam sein kann, den Erwerb eines zweiten und dritten Geschäftsantheils zuzulassen, soll sogleich zu § 56 erläutert werden.

Zu § 56. Bei diesem Paragraphen kommen drei Fragen in Betracht, nämlich

a) die Höhe des Geschäftsantheils,

b) die Einzahlungen auf den Geschäftsantheil und die sonstige Ansammlung desselben,

c) die Zulassung mehrerer Geschäftsantheile.

Der Allgemeine Genossenschaftstag in Stettin (1893) hat hierzu beschlossen:

den Consumvereinen zu empfehlen,

den Geschäftsantheil dem Geschäftsverkehr entsprechend hoch und in Consumvereinen mit beschränkter Haftpflicht niemals unter 30 Mark festzusetzen,

für die pünktliche Leistung der durch das Statut vorgeschriebenen Einzahlungen auf die Geschäftsantheile besorgt zu sein,

und überall, wo durch das Statut die Auszahlung der Gewinnantheile an die Genossen vor Erreichung des Geschäftsantheils nicht ausdrücklich gestattet ist, eine Deckung der fälligen Einzahlungen auf Geschäftsantheile durch Aufrechnung der Gewinnantheile nicht zu gestatten.

Zu a. Der vorstehende Beschluß des Genossenschaftstags empfiehlt den Consumvereinen mit beschränkter Haftpflicht, den Geschäftsantheil nicht unter 30 Mark festzusetzen. Veranlaßt ist dieser Beschluß durch die Erfahrung, daß sich neuerdings in der Rheinprovinz und Elsaß-Lothringen zahlreiche Consumvereine gebildet haben, mit Geschäftsantheilen von 6 Mark, 3 Mark, 1 Mark, ja selbst von 50 Pfennig, und daß auf so schwacher Grundlage natürlich kein auf die Dauer lebensfähiger Consumverein sich errichten läßt. Es liegt die Vermuthung sehr nahe, daß es sich hier oft um Gründungen handelt, die den Namen von Genossenschaften durchaus mit Unrecht führen, und sehr schnell wieder eingehen werden, wenn nur die Registergerichte ihre Schuldigkeit thun und bei diesen Vereinen auf genaue Befolgung der gesetzlichen Vorschriften bezügl. Veröffentlichung der Bilanz, Revision u. s. w. dringen. Da sich aber durch dieses schlechte Beispiel neue Vereine, die genossenschaftliche Ziele verfolgen, verführen lassen könnten, ist es nicht überflüssig davor zu warnen, für den Geschäftsantheil einen so geringfügigen Betrag festzusetzen.

Gegenüber dem Beschluß des Genossenschaftstags kann allerdings nicht bestritten werden, daß es auch blühende Consumvereine giebt, die mit Geschäftsantheilen von 20 Mark oder 15 Mark gut auskommen; und es sind der Entwicklung dieser Vereine besonders günstige Verhältnisse zu gut gekommen, auf die man nicht im Voraus rechnen kann. Deshalb habe ich den Geschäftsantheil auf 30 Mark festzusetzen empfohlen und für Vereine, die damit, namentlich im Beginn ihrer Thätigkeit, für ihren Geschäftsbetrieb nicht die erforderlichen Geldmittel zusammenbringen sollten, die Ansammlung eines zweiten und dritten Geschäftsantheils vorbehalten. Wenn davon der geeignete Gebrauch gemacht wird, wird sich kaum das Bedürfniß ergeben, den Geschäftsantheil auf mehr als 30 Mark zu bestimmen. Um den Sparsinn der Mitglieder zu fördern, würden freilich nach dem glänzenden Vorgange der englischen Consumvereine höhere Geschäftsantheile sehr empfehlenswerth sein, aber so lange für deren Verwendung im Geschäftsbetrieb des betreffenden Vereins oder in anderen genossenschaftlichen Unternehmungen die geeignete Gelegenheit fehlt, kann der Ueberfluß an eigenem Kapital für den Verein geradezu zur Plage werden.

Zu b verlangt der erwähnte Beschluß des Genossenschaftstags nur, daß die durch das Statut vorgeschriebenen Einzahlungen auf den Geschäftsantheil pünktlich geleistet werden, verlangt aber nicht, daß diese Einzahlungen bis zur Erfüllung des Geschäftsantheils fortgesetzt werden. Schulze-Delitzsch hat allerdings bei den Genossenschaften einen großen Werth darauf gelegt, daß die Mitglieder durch regelmäßige kleine Beiträge nicht nur ihr Geschäftsguthaben schneller in die Höhe bringen, sondern auch sich der Verpflichtung bewußt werden, für das gemeinschaftliche Unternehmen Opfer zu bringen und dadurch den genossenschaftlichen Sinn in ihnen zu entwickeln. Gewiß ist auch diese Seite der genossenschaftlichen Thätigkeit sehr hoch zu veranschlagen, und es liegt uns fern, denjenigen Vereinen, welche regelmäßige monatliche Beiträge auf den Geschäftsantheil nicht nur im Statut vorgeschrieben, sondern auch in der Praxis durchgeführt haben, etwa die Beseitigung dieser Einrichtung zu empfehlen. Nein, sie werden gewiß gut thun, daran festzuhalten. Vergl. mein „Taschenbuch" S. 101 f.

Aber bei vielen Vereinen stehen die Monatsbeiträge nur auf dem Papier, weil keine Vorkehrungen getroffen sind, oft auch nur schwer getroffen werden könnten, diese Beiträge von den Mitgliedern auf eine ihnen bequeme Art einzuziehen. Daß die Mitglieder, um 25 Pfennig zu bezahlen, einen besonderen Gang zum Kassirer machen sollen, ungewiß ob sie ihn zu Hause treffen, wird man ihnen nicht zumuthen können, diese Beiträge aber an den Lagerhalter bezahlen zu lassen, erschwert den Geschäftsgang im Laden und die Controle des Lagerhalters. Um dem Lagerhalter zeitraubende Buchungen dieser Einnahmen zu ersparen, könnte man ihm, wie ich schon in meinem „Taschenbuch" S. 102 erwähnt habe, auf der Rückseite gummirte Quittungsmarken über 25 Pfennige einhändigen, die er den zahlenden Mitgliedern in ihr Guthabenbuch einklebt. Für die ausgegebenen Quittungsmarken würde er den Betrag an die Kasse abzuführen haben, der hier summarisch zu buchen und erst bei Schluß der Rechnungsperiode auf Grund der eingelieferten Guthabenbücher auf die Conten der einzelnen Mitglieder zu übertragen wäre.

Noch ein anderes Verfahren wird bei denjenigen Vereinen angewendet werden können, die neben dem Laden ein hinlänglich großes Comtoir haben, wo 2 Vorstandsmitglieder namentlich zu der Zeit, wenn ein lebhafter Geschäftsverkehr im Laden stattfindet, anwesend sind und die Monatsbeiträge in Empfang nehmen und buchen können. Diese Einrichtung läßt sich aber nur bei hoch entwickelten Vereinen treffen, die von ihren Vorstandsmitgliedern die Beobachtung solcher Geschäftsstunden beanspruchen können, und auch bei diesen Vereinen ist die allgemeine Durchführung der Maßregel deshalb schwer, weil sie meist mehrere Läden haben, und der Vorstand nicht bei allen diesen Läden zur geeigneten Zeit Geschäftsstunden halten kann.

So ergiebt sich für viele Vereine gegenüber dem ideellen Gewinn, den die Erziehung der Mitglieder zum regelmäßigen Sparen unzweifelhaft mit sich bringt, der praktische Nachtheil, daß sich dasselbe doch nicht streng durchführen läßt, und sich gerade diejenigen Mitglieder einem solchen Sparzwang entziehen werden, für die er am segensreichsten sein würde. Dazu kommt noch, daß für den Geschäftsbetrieb der Vereine die Monatsbeiträge meist entbehrlich sind, ein Bedürfniß, zur schnelleren Vermehrung des eigenen Kapitals die Beiträge zu erheben, nicht besteht, ja die Monatsbeiträge den ohnehin schon vorhandenen unbequemen Geldüberfluß nur noch steigern würden.

Das Genoss.-Ges. verlangt nun auch nicht, die baaren Einzahlungen bis zur Erfüllung des Geschäftsantheils fortzusetzen, sondern es verlangt nur, daß bis zu einem Gesammtbetrage von mindestens einem Zehntel des Geschäftsantheils die Einzahlungen nach Betrag und Zeit im Statut bestimmt werden. Dieser Anforderung genügt § 56. Wenn dort im Abs. 1 der Geschäftsantheil auf 30 Mark bestimmt ist, so sind im Abs. 2 die baaren Einzahlungen darauf bis zu 3 Mark (also ein Zehntel) nach Betrag und Zeit bestimmt, indem beim Eintritt sofort 2 Mark und im nächsten Monat 1 Mark zu entrichten sind. Mit den ersten 2 Mark ist selbstverständlich auch das Eintrittsgeld von 1 Mark zu bezahlen. Weitere baare Einzahlungen auf den Geschäftsantheil sind nicht vorgeschrieben, aber zugelassen. Wenn der Geschäftsantheil auf 40 Mark bestimmt wird, würden baare Einzahlungen bis zu 4 Mark zu leisten sein, die man dann in 3 Raten, nämlich die erste Rate wie vorher angegeben, von 2 Mark und dann 2 Monatsraten von je 1 Mark, eintheilen würde.

Außer den baaren Einzahlungen wird auch die Dividende dem Geschäftsguthaben solange zugeschrieben, bis dasselbe auf 30 Mark gebracht ist. Das Genoss.-Ges. zwingt die Genossenschaften nicht hierzu, sondern gestattet im Statut Bestimmung darüber zu treffen, inwieweit der Gewinn vor Erreichung des Geschäftsantheils an die Genossen auszuzahlen ist. Wenn aber der Geschäftsantheil selbst nur auf einen niedrigen Betrag festgesetzt ist, und die Einzahlungen darauf schon auf das gesetzlich zulässige Maß beschränkt sind, so ist es gewiß gerechtfertigt, die Dividenden wenigstens so lange unverkürzt dem Geschäftsguthaben zuzuschreiben, bis der Geschäftsantheil erfüllt ist. Der Beschluß des Genossenschaftstags in Stettin ist daher auch in dieser Beziehung der Beachtung der Consumvereine dringend zu empfehlen. Wenn aber diesem Beschlusse gemäß, wie es in § 56 Abs. 2 des Musterstatuts geschehen, die Zuschreibung der Dividende angeordnet ist, so kann selbstverständlich nicht diese Dividende zugleich auf rückständige baare Einzahlungen verrechnet werden, sondern es ist auf Leistung dieser Einzahlungen gewissenhaft zu achten, anderenfalls trifft den

Vorstand nach § 22 Abs. 2 des Genoss.-Ges. für seine Nachsicht hierin eine ernste Verantwortung. Bei stark kaufenden Mitgliedern kann freilich die Dividende einer Rechnungsperiode schon zur Erfüllung des Geschäftsantheils ausreichen, so daß die Frage, was wegen Unterlassung von Einzahlungen zu geschehen habe, gegenstandslos wird.

Zu c. Im Anschluß an den von Schulze-Delitzsch immer vertretenen Standpunkt habe ich mich in meinem „Taschenbuch" im Interesse der durch die Genossenschaften angestrebten Ausgleichung der Klassenunterschiede gegen die Zulassung eines zweiten fakultativen Geschäftsantheils neben dem ersten obligatorischen ausgesprochen. Bei Consumvereinen mit unbeschränkter Haftpflicht muß ja auch schon nach den jetzt geltenden gesetzlichen Bestimmungen dieser Standpunkt festgehalten werden. Bei den Consumvereinen mit beschränkter Haftpflicht aber liegt die Sache in mancher Beziehung anders. Indem hier mit jedem hinzukommenden Geschäftsantheil auch die Haftsumme sich entsprechend vervielfacht, liegt in der Vermehrung der Geschäftsantheile ein Mittel, die Haftpflicht wohlhabender Mitglieder für den Verein nach Bedarf zu erweitern und damit die Creditbasis desselben zu verstärken, auch zum Vortheil minder bemittelter Mitglieder, die sonst in ihrer Dividende dadurch auch in keiner Weise geschmälert werden. Die Betheiligung auf 2 oder 3 Geschäftsantheile ist in § 56 in Aussicht genommen

aa) als eine Maßregel, die nur auf bemittelte Mitglieder, namentlich in der ersten Zeit der Thätigkeit des Vereins, wo es oft noch an Geld fehlt, angewendet werden soll; und

bb) als eine Maßregel allgemeiner Natur, namentlich wenn die Erweiterung des Geschäftsbetriebs, der

Uebergang zur eigenen Produktion u. s. w. zu einer schnellen Vergrößerung des eigenen Kapitals drängen.

In den Fällen unter bb) soll die Generalversammlung mit einfacher Stimmenmehrheit die Ansammlung eines zweiten bezw. dritten Geschäftsantheils beschließen können bei allen Mitgliedern, die schon 1 bezw. 2 Geschäftsantheile haben, während sonst der Vorstand bei der Aufnahme über die Betheiligung auf 2 oder 3 Geschäftsantheile entscheidet. Diese stärkere Betheiligung der wohlhabenden Mitglieder kann sich auch damit rechtfertigen, daß der Verein für deren Bedürfnisse manche Waaren anschafft, die nicht Gegenstand des allgemeinen Verbrauchs sind, und deren Verkauf daher ein größeres Risiko mit sich bringt.

Zu § 59. Vergl. hierzu mein „Taschenbuch" S. 103 ff. Nach § 7 Ziff. 4 des Genoss.-Ges. muß das Statut den Mindestbetrag bestimmen, bis zu welchem der Reservefonds durch Zuschreibungen aus dem Gewinn zu bringen ist. Für die Mehrzahl der Consumvereine wird 5 pCt. der Gesammtsumme der Aktiva oder, was auf dasselbe hinausläuft, des eigenen und fremden Kapitals zusammen ein ausreichend hoher Reservefonds sein, wenn derselbe auch nach der Statistik für 1892 im Durchschnitt erheblich höher ist. Es betrugen nämlich die Reserven bei 344 Consumvereinen mit einer Bilanzsumme von 18 620 106 Mark nicht weniger als 2 473 992 Mark Ende 1892, wobei allerdings zu berücksichtigen ist, daß in dieser Summe auch Spezialreserven für Bauten u. s. w. eingeschlossen sind. In Betreff der Spezialreserven, für die die Vorschriften des Genoss.-Ges. über den Reservefonds nicht maßgebend sind, vergl. oben zu § 2.

Zu § 60. In Betreff des Waarenverkaufs ist zunächst auf mein „Taschenbuch" S. 163—207 zu verweisen, dann aber in Bezug auf

a) den Verkauf gegen Baarzahlung,

b) den Verkauf zu Marktpreisen und

c) den Verkauf nur an Mitglieder

noch Folgendes zu bemerken.

Zu a. Wenn, wie es hier geschieht, der Verkauf gegen Baarzahlung ausnahmelos vorgeschrieben ist, so dürfen auch Kohlen, Kartoffeln oder dergl., welche manche Vereine im Großen beziehen und sofort für den Winterbedarf auf einmal an die Mitglieder abgeben, nicht anders als gegen Baarzahlung verkauft werden. Daß dies in der That durchführbar, haben auch schon manche Vereine bewiesen. Aber es muß zugegeben werden, daß nicht überall ohne vermittelnden Uebergang dieses erstrebenswerthe Ziel erreicht werden kann, und zwar wird es bei diesem vermittelnden Uebergang darauf ankommen, den unbemittelten Mitgliedern, abgesehen von ihrem Geschäftsguthaben Gelegenheit zur Ansammlung von Ersparnissen im Verein zu geben, die als Sicherheit für den gewährten Credit verpfändet werden können. Wird so, wenn auch gegen genügende Sicherstellung, auf bestimmte Frist und gegen eine Vergütung, die in dem bei Baarzahlung bewilligten Rabatt zum Ausdruck kommt, Credit gewährt, so würde § 60 entsprechend zu ändern sein, soll nicht der Vorstand sich immer wieder einer Statutenverletzung schuldig machen und die Verantwortung für jeden dem Verein daraus erwachsenden Nachtheil persönlich übernehmen. Es empfiehlt sich dann, zwischen dem 2. und 3. Absatz des § 60 folgenden neuen Absatz einzuschalten:

„Wenn für einzelne Waaren der Winterbedarf auf einmal eingekauft und auf einmal an die Mitglieder verkauft wird, so können solche Waaren auf Beschluß der Generalversammlung und nach den von derselben für die Creditgewährung genehmigten Bedingungen auch gegen Credit abgegeben werden. Vorstandsmitglieder sind von der Benutzung dieses Credits für sich ausgeschlossen."

Da es sich hier um eine Ausnahme von dem für die Consumvereine wichtigsten Grundsatz, dem Grundsatz der Baarzahlung im Verkauf handelt, so ist es nothwendig, die Creditgewährung so einzuschränken und mit der Vorsicht zu behandeln, daß die Ausnahme nicht etwa zu einer Erweiterung der bösartigen Borgwirthschaft führt.

Zu den Bedingungen für die Creditgewährung würde gemäß § 47 Ziff. 2 des Genoss.-Ges. auch die Bestimmung des Höchstbetrags des Credits für ein Mitglied gehören, über welchen die Generalversammlung jedenfalls zu entscheiden hat, auch wenn ihr dies im Statut nicht ausdrücklich vorbehalten ist.

Die Vorstandsmitglieder von dem Genuß dieses Credits auszuschließen und von ihnen unter allen Umständen Baarzahlung zu verlangen, ergiebt sich schon aus § 37 Abs. 2 des Genoss.-Ges. als der normale Zustand für jede Genossenschaft. Wollte man davon abgehen, so würde es doch nach dieser Gesetzesvorschrift unerläßlich sein, jede Creditgewährung an ein Vorstandsmitglied der vorgängigen Genehmigung des Aufsichtsraths zu unterbreiten, was gerade bei Consumvereinen zu recht unerquicklichen, ein ersprießliches Zusammenarbeiten des Vorstands und Aufsichtsraths störenden Verhandlungen führen kann. Der Vorstand wird nur dann das für die Geschäftsführung nothwendige Ansehen überall zu wahren im Stande sein, wenn er in keiner Weise durch Credite vom Aufsichtsrath abhängig ist.

Zu b. In meinem „Taschenbuch" S. 222 ff. ist der Verkauf zu Marktpreisen ausführlich begründet und dabei als der hervorragendste Vertreter derjenigen Consumvereine, die „nicht auf Dividende arbeiten", der Waaren-Einkaufsverein in Görlitz genannt. Es ist deshalb von allgemeinem Interesse, die weitere Entwicklung dieses Vereins festzustellen. Obgleich der Verein zu möglich billigen Preisen verkaufte, erzielte er doch einen Gewinn, der nicht nur eine Dividende von 6 pCt. auf die Geschäftsguthaben, sondern außerdem noch einen Kopfantheil auf die Mitglieder zu vertheilen gestattete, der diesen eine namhafte Jahreseinnahme sicherte und sie veranlaßte, um sich dieselbe nicht durch Vergrößerung des Divisors schmälern zu lassen, im Widerspruch mit dem genossenschaftlichen Prinzip den Zutritt neuer Mitglieder zu verhindern! Nachher verwandelte sich der Waaren-Einkaufsverein in Folge Erlasses des neuen Genoss.-Ges. in eine Aktiengesellschaft. Die schon früher von ihm befolgte Abschließung gegen neue Mitglieder hat aber unzweifelhaft viel dazu beigetragen, dem neuen auf Dividende arbeitenden Consumverein in Görlitz bald nach seiner Gründung — ein Fall, wie er in Deutschland noch nicht vorgekommen — über 1000 Mitglieder zuzuführen und das weitere Wachsthum dieser Mitgliederzahl — der Verein zählt jetzt 10 000 — zu fördern. Das ist ein großer Sieg des gesunden genossenschaftlichen Grundsatzes, daß es für die meist den minderbemittelten Volksklassen angehörigen Mitglieder der Consumvereine viel werthvoller ist, ihre durch den Verein am Consum erzielten Ersparnisse zu größeren Beträgen angesammelt ausgezahlt zu erhalten, als sie in Form niedrigerer Waarenpreise pfennigweise zu empfangen, wo sie dann meist verzettelt werden. Seit dem Ausscheiden des Görlitzer Waaren-Einkaufsverein scheint nur noch ein größerer genossenschaftlicher Consumverein bekannt zu sein, der nicht auf Dividende arbeitete, und der nicht demgemäß die Waaren zu Marktpreisen verkaufte, d. i. der Beamten-Consumverein zu Braunschweig, E. G. m. u. H., der im Jahre 1892 bei 318 964 Mark Verkaufserlös nur 4312 Mark Reingewinn hatte, die er bis auf einen geringfügigen Betrag als Kapitaldividende (15 pCt.) vertheilte. Man kann eben trotz aller Bemühungen die Preise nicht so kalkuliren, daß gar kein Gewinn übrig bliebe, und so ergiebt sich eine unbeabsichtigte Kapitaldividende von 15 pCt.!

Im Gegensatz zu den genossenschaftlichen Consumvereinen verkaufen andere Vereinigungen, die wir nur deshalb hier erwähnen, weil sie von den Gegnern der Consumvereine willkürlich mit diesen zusammengeworfen werden, zu möglich billigen Preisen und decken die Unkosten des Verkaufsgeschäfts durch die Vereinsbeiträge der Mitglieder oder durch besondere regelmäßige Beiträge der Käufer. Hierher gehört das „Waarenhaus für deutsche Beamte", das die rechtliche Form der Aktiengesellschaft hat, und gewisse „Beamtenvereine", die in der Hauptsache andere Zwecke verfolgen und das Waarengeschäft oft ohne Verkaufsstelle und ohne genossenschaftliche Organisation etwas dilettantisch betreiben.

Wenn der Verkauf zu Marktpreisen in § 60 Abs. 2 des Statuts als Regel festgestellt ist, so ist damit schon angedeutet, daß von dieser Regel im Einzelnen Ausnahmen nöthig werden können, und zwar dies namentlich dann, wenn die Marktpreise durch die Konjunktur des Markts nicht hinlänglich begründet werden, der Gewinn an einzelnen Artikeln unverhältnißmäßig hoch erscheint. Vergl. hierzu mein „Taschenbuch" S. 182—185.

Zu c. Der Verkauf an Nichtmitglieder tritt bei den Consumvereinen an Bedeutung thatsächlich mehr und mehr zurück. Schon in meinem „Taschenbuch" S. 189—198 ist nachgewiesen, daß gegenüber dieser Frage im Laufe der Jahre bei den Consumvereinen sich ein Umschwung vollzogen und noch vor Erlaß des neuen Genoss.-Ges. die Zahl der Vereine, die den Verkauf nur auf die Mitglieder beschränken, immer größer geworden war. Der Umstand, daß das neue Gewerbesteuergesetz in Preußen die Consumvereine auch dann zur Gewerbesteuer heranzieht, wenn sie nur an Mitglieder verkaufen, also — nach gesundem Menschenverstande — kein Gewerbe betreiben, hat allerdings in manchen preußischen Consumvereinen das Verlangen hervorgerufen, den Geschäftsbetrieb zu einem gewerblichen zu erweitern und dadurch die zu zahlende Gewerbesteuer zu verdienen; indeß mußte man angesichts des § 8 Abs. 4 des Genoss.-Ges., der dem Verkauf der Consumvereine an Nichtmitglieder enge Grenzen zieht, davon doch wiederzurückkommen. Die Vereine haben sich nun klar zu machen, einmal wieweit ihnen das Genoss.-Ges. etwa den Verkauf an Nichtmitglieder gestattet, und dann, was geschehen kann, um einen ungesetzlichen Verkauf an Nichtmitglieder soweit möglich hintanzuhalten und dadurch den Hetzern gegen die Consumvereine den Boden zu entziehen.

Das Verbot des Genoss.-Ges. bezieht sich auf die Consumvereine nur als solche, wie sie im § 1 Ziff. 5 daselbst gekennzeichnet sind. Consumvereine, welche sich nicht auf den gemeinschaftlichen Einkauf von Lebens- oder Wirthschaftsbedürfnissen im Großen und Ablaß im Kleinen beschränken, sondern selbst Waaren produziren oder sonst an den eingekauften Waaren vor dem Verkauf Veränderungen vornehmen und dadurch zugleich Produktivgenossenschaften werden, sind bezüglich des Verkaufs *dieser* Waaren keiner Beschränkung unterworfen. Insbesondere sind also Consumvereine mit eigner Bäckerei in Betreff des Verkaufs der von ihnen erzeugten Backwaare nicht auf die Mitglieder beschränkt.

Aber auch bezüglich der *Consumvereinswaaren* besteht kein allgemeines Verbot des Verkaufs an Nichtmitglieder, sondern das Gesetz bestimmt nur, daß solche „im regelmäßigen Geschäftsverkehr" an Nichtmitglieder nicht abgegeben werden dürfen. Wenn solche Waaren zu verderben drohen, können sie ausnahmsweise auch an Nichtmitglieder ausverkauft werden. Dasselbe gilt von Waaren, die nur für das Weihnachtsgeschäft angeschafft sind; denn auch hier würde es sich nicht um einen Verkauf im regelmäßigen Geschäftsverkehr handeln.

Endlich hat das Gesetz den Verkauf an Nichtmitglieder in den angegebenen Grenzen untersagt in der Form, daß es nur an Personen zu verkaufen gestattet,

> welche als Mitglieder oder deren Vertreter bekannt sind oder sich als solche in der durch das Statut vorgeschriebenen Weise legitimiren.

Oft werden ja die Mitglieder oder die für sie kaufenden Haushaltungsgenossen den Lagerhaltern bekannt sein, so daß es ihrer Legitimation nicht erst bedarf, bisweilen aber und zwar namentlich bei neuen Mitgliedern kann doch eine Legitimation nöthig sein, und da soll sie das *Statut* vorschreiben. Damit wird nicht gesagt sein sollen, daß das Statut hierüber eine ins Einzelne gehende Anweisung zu geben hat; denn es wäre sehr unzweckmäßig, das Statut mit Vorschriften zu belasten, deren Aenderung, wenn sie sich in der Erfahrung nicht bewähren, erst eine Statutenänderung erfordern würde. Um das zu vermeiden, ist in Abs. 4 des § 60 dem Vorstand überlassen, über die Legitimationsführung das Nöthige zu bestimmen, und sind die Käufer nur angewiesen, sich auf Verlangen des Lagerhalters nach diesen Bestimmungen zu legitimiren.

Wie diese Legitimation zuverlässig geführt werden soll, ohne einerseits den Geschäftsgang im Laden unerträglich zu erschweren und andererseits eine Täuschung der Lagerhalter durch die Käufer auszuschließen, das ist eine Aufgabe, für die eine befriedigende Lösung schwer zu finden sein dürfte. Es liegt nahe, Legitimationskarten auf den Namen und die Nummer des Mitglieds in der Mitgliederliste lautend auszugeben, aber bei lebhaftem Verkehr im Laden sich von jedem Käufer, dessen Legitimation dem Lagerhalter oder seinem Bediensteten zweifelhaft erscheint, diese Karte vorlegen zu lassen, ist, wie schon oft nachgewiesen wurde, kaum angängig und gewährt auch nur einen unvollkommenen Schutz. Gleichwohl empfiehlt es sich gegenüber der heftigen, gegen die Consumvereine gerichteten Agitation solche Legitimationskarten, wo sie noch nicht bestehen, einzuführen und dieselben noch mit einem besondern Aufdruck zu versehen, welcher für den Fall des Mißbrauchs derselben durch ein Nichtmitglied dessen Verfolgung auf Grund des § 263 des Straf-Ges.-B. (wegen Betrugs), bezw. außerdem auf Grund des § 123 daselbst (wegen Hausfriedensbruchs) androht. Den

Versuch des Betrugs nachzuweisen, dürfte zwar schwer sein, wenn man dem betr. Nichtmitgliede nicht auch nachweisen kann, daß es die im Vereinsladen zu Unrecht empfangenen Dividendenmarken hat durch Vermittlung eines Vereinsmitglieds verwerthen wollen, aber ein Hausfriedensbruch würde schon vorliegen, wenn ein Nichtmitglied im Widerspruch mit einer im Vereinsladen angeschlagenen Warnung, also widerrechtlich den Laden betritt. Hoffentlich bleibt es den Consumvereinen erspart, sich in Folge einer Verschlechterung des Genoss.-Ges. mit dieser unerquicklichen Frage der Controle des Waarenverkaufs noch weiter beschäftigen zu müssen, was geplant wird, in dieser Beziehung in die Gesetzgebung einzuführen, ist hier nicht weiter zu erörtern.

Zu § 61. In meinem „Taschenbuch" S. 234 ff. habe ich mich für 1/4jährige Rechnungsabschlüsse ausgesprochen, und die inzwischen gemachten Erfahrungen bestärken mich in der Ueberzeugung, daß jedenfalls eine nur alljährlich stattfindende Rechnungslegung bei vielen Vereinen unzureichend ist, und daß sie, so wie sie oft in Uebereinstimmung mit den Statuten dieser Vereine gemacht wird, außerdem zu einer Verletzung von Vorschriften des Handels-Ges.-B. führt, die für jeden Kaufmann und demnach auch für jede eingetragene Genossenschaft rechtsverbindliche Kraft haben. Aus der Zeit, wo die Consumvereine allgemein 1/4jährlich abschlossen, haben die später entstandenen Vereine, auch wenn sie nur jährlich abschlossen, die Bestimmung übernommen, daß der Abschluß erfolgt an dem dem 31. Dezember zunächstliegenden Sonntage. Diese Vorschrift führt aber dahin, daß das Geschäftsjahr bisweilen 53 Wochen umfaßt und die Bestimmung des Art. 29 des Handels-Ges.-B. verletzt wird, wonach der Kaufmann in jedem Jahre eine Inventur und eine Bilanz seines Vermögens anzufertigen hat.

Daß bisher aus der Nichtbeobachtung dieser Bestimmung irgendwo Unzuträglichkeiten entstanden wären, ist zwar nicht bekannt geworden, das schließt aber die Möglichkeit nicht aus, daß dies in Zukunft geschieht. Wahrscheinlich ist diese Statutenvorschrift dadurch der Aufmerksamkeit des Richters entzogen worden, daß trotz derselben als Tag für das Ausscheiden von Mitgliedern in den Anzeigen der Vereine und auch in der gerichtlichen Liste der „31. Dezember" angegeben ist, obgleich — abgesehen von den Fällen der Uebertragung der Mitgliedschaft — das Ausscheiden immer nur am Tage des Abschlusses erfolgen kann. Wenn aber ein Verein einmal mit Verlust arbeitet, und die Auseinandersetzung mit den Ausgeschiedenen bei denselben Abschreibungen nöthig macht, dann könnte zu den sonstigen Schwierigkeiten, mit denen der Verein in solcher Lage zu kämpfen hat, auch noch die hinzukommen, daß die Legalität seines Abschlusses im Wege der Klage angefochten wird. Bei den zahlreichen Gegnern der Consumvereine, die in der Wahl der Mittel zu deren Unterdrückung durchaus nicht wählerisch sind, gebietet es die Vorsicht, daß die Vereine sich überall streng ans Gesetz halten, und mehr noch als dies ohnedies ihre staatsbürgerliche Pflicht ist, auch hierin jede Blöße vermeiden. Vereine, die nur jährlich abschließen, z. B. Ende des Kalenderjahrs, werden daher die beiden ersten Sätze des § 61 so zu fassen haben:

„Die erste Rechnungsperiode beginnt am . . . . und endigt am 31. Dezember 189 . . Später erfolgt der Abschluß jährlich am 31. Dezember."

Wenn das Ende des Rechnungsjahrs auf den 31. März oder auf einen anderen Tag gelegt wird, würde in die vorstehenden Sätze das entsprechende Datum einzustellen sein. In jedem Falle ist daran festzuhalten, daß die Inventur dann auch an diesem Tage vorzunehmen ist, gleichviel, ob das ein Sonntag oder ein Wochentag ist.

Von einzelnen hervorragenden Consumvereinen ist die jährliche Rechnungslegung besonders damit begründet worden, daß sie zu außerordentlichen Inventuren des Lagers Zeit gewähre, und daß eine solche unerwartete Inventur eine weit zuverlässigere Gewähr für die Ehrlichkeit und Tüchtigkeit des Lagerhalters gäbe, als eine statutenmäßig feststehende, auf die sich derselbe vorbereiten könne. Das ist gewiß zutreffend, aber wie die Erfahrung beweist, hat die jährliche Rechnungslegung bei manchen Vereinen die Wirkung, daß man sich mit der am Jahresschluß stattfindenden ordentlichen Inventur begnügt und auf außerordentliche Inventuren oder Lagerrevisionen ganz verzichtet. Namentlich sind es zwei Gründe, die diese ungenügende Controle rechtfertigen sollen, der eine ist der große Zeitaufwand und die Kosten, die eine außerordentliche Inventur verursacht, und der andere ist die erprobte Rechtschaffenheit des Lagerhalters, die eine häufigere Controle unnöthig mache. Allerdings ist bei Vereinen auf dem Lande und in kleinen Städten, wo die Arbeitstheilung im Kleinhandel noch wenig entwickelt ist, die Inventur wegen der großen Mannigfaltigkeit des Lagers an den verschiedenartigsten Artikeln sehr mühsam und zeitraubend, und es verdient gewiß auch als eine hocherfreuliche Thatsache festgestellt zu werden, daß manche Vereine Jahre lang mit demselben zuverlässigen Lagerhalter arbeiten, aber deshalb auf eine wirksame Controle verzichten, beweist eine unverantwortliche Vertrauensseligkeit, die sich schon oft im Genossenschaftsleben als verhängnißvoll gezeigt hat.

Wenn aber eine jährliche Rechnungslegung zu solcher Vertrauensseligkeit verleitet, dann ist es doch immer noch viel besser, halbjährlich zu einer ordentlichen Inventur zu nöthigen, indem man halbjährlich die Rechnung abschließt, als im Laufe des Jahres weder eine außerordentliche noch eine ordentliche Inventur zu machen.

Bei Vereinen nun, welche nach § 61 $^1/_2$jährlich abschließen, steht das Handels-Gesetz-Buch dem nicht entgegen, als Tag des Abschlusses den dem Quartalsschluß nächstgelegenen Sonntag festzusetzen; denn wenn dadurch auch die Rechnungsperiode einmal von 26 auf 27 Wochen erweitert und eine andere auf 25 Wochen eingeschränkt wird, so wird dadurch keine Vorschrift des Handels-Ges.-B. berührt. Dagegen ist nun die Frage, ob nicht die Bestimmungen des Arbeiterschutzgesetzes die regelmäßige Vornahme der Inventur an einem Sonntage verbieten. Nach § 105b der Gewerbe-Ordnung dürfen im Handelsgewerbe Gehilfen, Lehrlinge und Arbeiter am ersten Weihnachts-, Oster- und Pfingsttage überhaupt nicht, im Uebrigen an Sonn- und Festtagen nicht länger als 5 Stunden beschäftigt werden. Erweiterungen der Sonntagsruhe können durch Statut der Gemeinde oder eines weiteren Kommunalverbandes, Einschränkungen derselben in gewissen Grenzen durch die Polizeibehörde festgestellt werden. Nach § 105c der G.-O. finden die Bestimmungen über die Sonntagsruhe keine Anwendung

> für einen Sonntag auf Arbeiten zur Durchführung einer gesetzlich vorgeschriebenen Inventur.

Alle diese Vorschriften gelten für „Gewerbebetriebe", wie überall die Gewerbeordnung, was schon ihr Name besagt, nur auf solche Betriebe Anwendung findet. Consumvereine nun, die Waaren nur an Mitglieder verkaufen, treiben nach der konstanten Rechtsprechung kein Gewerbe und sind deshalb auch nicht den Bestimmungen der §§ 105b, 105c der G.-O. über die Sonntagsruhe im Handelsgewerbe unterworfen. In diesem Sinne hat neuerdings auch das Ober-Landesgericht zu Braunschweig wieder als Revisionsinstanz (vergl. „Blätter f. Genoss." Jahrg. 1893 Seite 394 f.) entschieden.

Wenn hiernach vom Standpunkt des formellen Rechts die Consumvereine, die sich im Rahmen des § 8 Ziff. 4 des Genoss.-Ges. halten, für Sonntagsinventuren nicht zur Strafe gezogen werden können, so soll damit aber keineswegs den Vereinen empfohlen werden, sich über die bezüglichen Vorschriften hinwegzusetzen. Es entspricht vielmehr durchaus dem Wesen und den Zielen jedes Consumvereins, seinen Beamten und Arbeitern mindestens die gleichen Erleichterungen im Dienst zu gewähren, die die mit ihnen konkurrirenden Kleinhändler ihren Gehilfen gewähren müssen; hinter diesen hierin zurückzustehen, würde für einen Consumverein nicht angemessen sein.

Da nun nach dem Handels-Ges.-B. nur eine Inventur jährlich stattfinden muß, so sollten die Consumvereine auch nur einmal jährlich den Sonntag zur Inventur benutzen und die bei halbjährlichem Rechnungsabschluß in der Mitte des Jahres stattfindende Inventur immer auf einen Wochentag legen.

Daß bei der Inventur der Kassenbestand, der sich in den Händen des Kassirers befindet, auch vom Aufsichtsrath festgestellt werden muß, ist selbstverständlich, wird aber doch bisweilen vergessen. Es war daher nicht überflüssig durch Litt. b des § 61 darauf noch besonders hinzuweisen. Vergl. auch Abschnitt VI unter b § 7, Schlußsatz Seite 141.

Zu §§ 63, 65. Die in § 63 angegebenen Abschreibungen auf Mobilien und Immobilien sind das Mindeste, was abgeschrieben werden muß, weil man die Abnutzung an Mobilien und Immobilien nicht wohl niedriger annehmen kann, ohne sich etwas in die Tasche zu lügen. In § 65 ist aber der Weg offen gehalten, nach Befinden mehr abzuschreiben, was bei günstigen Geschäftsergebnissen auch entschieden zu empfehlen ist.

Zu § 64. Nach § 46 Abs. 2 des Genoss.-Ges. ist jede Genossenschaft nur verpflichtet, die Bilanz und Jahresrechnung mindestens eine Woche vor der darüber beschließenden Generalversammlung in ihrem Geschäftslokale zur Einsicht der Genossen auszulegen, aber aus einer solchen flüchtigen Einsichtnahme kann sich natürlich kein Mitglied ein klares Bild von der Geschäftslage des Vereins verschaffen; vielmehr ist es zu diesem Behuf unerläßlich, den Mitgliedern den Geschäftsbericht einzuhändigen, ihn also sei es durch Druck, sei es metallographisch — bei kleinerer Mitgliederzahl — vervielfältigen zu lassen. Die geringen Kosten, die daraus entstehen, dürfen nicht aus übel angebrachter Sparsamkeit vermieden werden, weil ohne genaue Kenntniß des Geschäftsberichts die Mitglieder eine sachgemäße Controle der Verwaltung nicht ausüben können.

Zu § 66. Insoweit der Reservefond und die Geschäftsguthaben zur Deckung der Verluste nicht ausreichen, sollen dieselben nach Höhe der Haftsumme der einzelnen Mitglieder und nicht nach Köpfen umgelegt werden, wie das der beschränkten Haftpflicht entspricht und auch naturgemäß daraus folgt, daß die Kapitaldividende nach dem Geschäftsguthaben vertheilt worden ist, und die Geschäftsguthaben größtentheils aus angesammelten Kapital- und

Waarendividenden bestehen. Bei der Beziehung, welche nach dem Gesetz zwischen Geschäftsantheil und Haftsumme besteht, kommt man hiernach durch Vertheilung des Fehlbetrages nach der Haftsumme wenigstens annähernd dahin, für die Theilnahme am Gewinn und Verlust des Geschäfts den gleichen Maßstab zu erhalten.

Zu § 69. Daß bei bestehender Genossenschaft anders, wie dies für Genossenschaften mit unbeschränkter Haftpflicht vorgeschrieben ist, auch im Falle der Ueberschuldung, sofern diese $1/_4$ des Betrages der Haftsummen aller Genossen übersteigt, das Konkursverfahren stattfindet, schreibt § 134 des Genoss.-Ges. ausdrücklich vor und kann natürlich durch das Statut nicht geändert werden. Dagegen gestattet § 98 Abs. 2 des Genoss.-Ges. die Nachschüsse zur Konkursmasse nach einem anderen Beitragsverhältniß, als nach Köpfen zu leisten, und war daher in Konsequenz der Bestimmungen des § 66 die Umlage nach der ein- bezw. mehrfachen Haftsumme vorzuschreiben.

Zu § 72. Die Mehrzahl der Consumvereine hat sich bisher für die Veröffentlichung ihrer Bekanntmachungen nur je eines Blattes bedient, und es ist daher für den Fall Vorsorge zu treffen, daß dieses Blatt eingeht, ehe es möglich ist, durch eine entsprechende Aenderung des Statuts ein anderes dafür zu bestimmen. Früher enthielten die Statuten meist die Vorschrift, daß dann der Vorstand mit Genehmigung des Aufsichtsraths ein anderes Blatt zu wählen hat; das ist aber mit § 6 Ziff. 4 des Genoss.-Ges. unvereinbar, insofern dort unter den Dingen, die das Statut enthalten „muß“, auch die zu den Bekanntmachungen der Genossenschaft dienenden Blätter aufgeführt sind, und Vorstand und Aufsichtsrath selbstverständlich nicht das Statut ersetzen können. Es ist nun im § 72 der „Deutsche Reichsanzeiger" als Lückenbüßer vorgeschlagen, weil er dasjenige Blatt ist, das jedenfalls nicht aufhören kann zu erscheinen, ohne daß dies lange Zeit vorher bekannt wäre. Auch für den Fall, daß aus einem anderen Grunde, z. B. weil das statutenmäßige Blatt die Aufnahme des Inserats verweigert, die Veröffentlichung dort nicht erfolgen kann, bedarf es eines Lückenbüßers im Statut. Da die Mitglieder der Genossenschaften den „Reichsanzeiger" nicht lesen, werden Vorstand und Aufsichtsrath natürlich bis zur anderweitigen Ordnung der Sache durch das Statut die Bekanntmachungen noch in anderen, von den Mitgliedern viel gelesenen Blättern erfolgen lassen, wenn diese auch nicht im Voraus im Statut genannt werden konnten.

Vereine, die mehrere Blätter für ihre Bekanntmachungen im Statut bestimmt haben, werden den Abs. 2 des § 72 folgendermaßen fassen können:

> Falls eines dieser Blätter eingeht, oder die Veröffentlichung darin aus anderen Gründen unmöglich wird, erfolgt die Veröffentlichung solange nur in den anderen vorgenannten Blättern, bis durch Statutenänderung etwas Anderes bestimmt ist. Falls alle diese Blätter eingehen oder die Veröffentlichung in ihnen aus anderen Gründen unmöglich wird, tritt der „Deutsche Reichsanzeiger" einstweilen an deren Stelle.

Wenn ein Verein sich zweier Blätter zu seinen Bekanntmachungen bedient, so wird er am Schluß des vorerwähnten 2. Absatzes statt der Worte „in den anderen vorgenannten Blättern" zu setzen haben:

„in dem anderen vorgenannten Blatte."

c) Formular zur Beitrittserklärung bei beschränkter Haftpflicht.

Ich erkläre hiermit meinen Beitritt zu der unter der Firma: . . . . zu N. . . . Eingetragene Genossenschaft mit beschränkter Haftpflicht allhier bestehenden Genossenschaft.

N. . . ., den . . ten . . . . . 18 . .

(Unterschrift.)

d) Formular zur Erklärung der Betheiligung auf weitere Geschäftsantheile.

Ich erkläre hiermit, mich auf einen . . . (zweiten u. s. w.) Geschäftsantheil in Höhe von ℳ . . . bei dem (Firma) . . . . Eingetragene Genossenschaft mit beschränkter Haftpflicht betheiligen zu wollen.

N. . . ., den . . ten . . . . . 18 . .

(Unterschrift.)

IV.

Musterstatut für Consumvereine mit unbeschränkter Haftpflicht nebst Begründung und Erläuterungen.

a) Musterstatut für Consumvereine mit unbeschränkter Haftpflicht.

A. Firma, Sitz und Gegenstand des Unternehmens.

§ 1. Die Unterzeichneten bilden unter der Firma:

..... zu N. . . eingetragene Genossenschaft
mit unbeschränkter Haftpflicht

einen Verein zur Beschaffung unverfälschter und guter Waaren für den persönlichen und Haushaltungsbedarf seiner Mitglieder gegen sofortige Baarzahlung und zur Ansammlung eines Kapitals für dieselben aus dem dabei erzielten Ueberschusse.

Der Sitz des Vereins ist N. . . .

§§ 2—8 lauten übereinstimmend mit den §§ 2—8 des Musterstatuts in Abschnitt III s. oben S. 26—29.

§ 9. Der Vorstand hält die ihm obliegenden Vereinsgeschäfte in ordnungsmäßigem Gange, entscheidet über Waarenbezug und Waarenverkauf, über alle sonstigen nicht schon hieraus sich ergebenden oder der Beschlußfassung der Generalversammlung oder der Mitbestimmung des Aufsichtsraths vorbehaltenen Einnahmen und Ausgaben, hat für vollständige und übersichtliche Buchführung, Aufstellung der Bilanz nach dem Halbjahresschlusse — § 31 des Genoss.-Ges. — nach den Vorschriften des Handels-Ges.-B., sowie für die sichere Aufbewahrung der Kassenbestände Sorge zu tragen und beschließt über die Aufnahme von Mitgliedern.

§ 10 vergl. oben § 10 in Abschnitt III S. 29.

§ 11. Besonders hat der Vorstand für die nach den § 11, § 16 Abs. 3, § 28, § 76 Abs. 2, § 77 Abs. 2, § 82 Abs. 1, § 83 Abs. 2, § 137 Abs. 3 des Genoss.-Ges. erforderlichen Anmeldungen zum Genossenschaftsregister, welche durch sämmtliche Mitglieder des Vorstands persönlich bei dem Gericht (§ 10 des Genoss.-Ges.) zu bewirken oder in beglaubigter Form an dasselbe einzureichen sind, Sorge zu tragen.

Ferner hat der Vorstand für die nach den § 31 Abs. 2, § 49 Abs. 3 und 4, § 59 Abs. 2, sofern der Verein nicht einem Revisionsverbande angehört, § 61 Abs. 2, § 80 Abs. 2 des Genoss.-Ges. nothwendigen Anzeigen bezw. Anträge an das Gericht (§ 10 des Genoss.-Ges.) und Veröffentlichungen nach § 7 dieses Statuts zu sorgen, auch die ihm in den § 8 Abs. 4, §§ 30, 45, § 46 Abs. 2, § 61 Abs. 1 des Genoss.-Ges. auferlegten Verpflichtungen zu erfüllen, widrigenfalls ihn die § 152 das. auf die Unterlassung gesetzten Geldstrafen treffen.

Ebenso hat der Vorstand spätestens am Schluß jedes Monats die während des Monats unterzeichneten Beitrittserklärungen neuer Mitglieder nach § 15 Abs. 1 und 2 des Genoss.-Ges., sowie die auf das Ausscheiden von Mitgliedern bezüglichen Anzeigen nach § 67, § 74 Abs. 2, § 75 Abs. 2 daselbst dem Gericht rechtzeitig einzureichen.

§§ 12—35 vergl. oben Abschnitt III §§ 12—35 S. 30 bis 38.

III. Von der Generalversammlung.

a) Theilnahmerecht.

§ 36. Die Rechte, welche den Mitgliedern des Vereins in den Angelegenheiten desselben zustehen, werden von ihnen in der Generalversammlung ausgeübt.

Jedes Mitglied hat **eine** Stimme, welche nicht übertragbar ist. Nur die Erben eines verstorbenen Mitglieds können sich bis zur Beendigung der Mitgliedschaft des Erblassers durch einen Bevollmächtigten vertreten lassen. Ein Bevollmächtigter kann nicht mehr als **ein** Mitglied vertreten.

(§ 41 des Genoss.-Ges.)

§§ 37—44 vergl. oben §§ 37—44 in Abschnitt III S. 38 bis 41.

§ 45. Der Beschluß über Auflösung des Vereins und Beschlüsse auf Abänderung und Ergänzung des Statuts bedürfen jedoch, die in § 33 Abs. 2 aufgeführten Punkte ausgenommen, zu ihrer Giltigkeit der Berathung **zweier** mit einem Zwischenraum von mindestens 4 Wochen stattfindenden Generalversammlungen (2 Lesungen). In beiden Generalversammlungen entscheidet absolute Mehrheit der erschienenen Mitglieder, nur

a) bei Auflösung des Vereins, sowie Umwandlung desselben in eine andere Art der eingetragenen Genossenschaft;
b) bei Abänderung des Gegenstandes des Unternehmens;
c) bei Erhöhung oder Herabsetzung des Geschäftsantheils;
d) bei Herabsetzung der auf den Geschäftsantheil zu leistenden Einzahlungen oder Verlängerung der für die letzteren festgesetzten Fristen

ist in der zweiten Generalversammlung (2. Lesung) eine Mehrheit von drei Viertel der erschienenen Mitglieder erforderlich. Das Nähere bestimmt die Geschäftsordnung.

Außerdem kann die Enthebung von Aufsichtsrathsmitgliedern nur mit einer Mehrheit von drei Viertel der Anwesenden giltig beschlossen werden (§ 29).

(§ 8 Ziffer 4, § 16 Abs. 1 u. 2, § 22 Abs. 1, § 34 Abs. 3, § 76 des Genoss.-Ges.)

i) Beurkundung der Beschlüsse.

§ 46. Die über die Verhandlungen der Generalversammlungen aufzunehmenden Protokolle haben die gestellten Anträge, die gefaßten Beschlüsse, soweit nöthig unter Angabe der Zahl der für und gegen abgegebenen Stimmen (§ 45 Litt. a—d und Abs. 2), die Wahlen unter Angabe der Zahl und der Vertheilung der abgegebenen Stimmen zu enthalten und werden unter dem Datum der Generalversammlung in ein besonderes „Protokollbuch" eingetragen, vom Vorsitzenden, den anwesenden Vorstands- und Aufsichtsrathsmitgliedern, dem Schriftführer und mindestens drei anderen Vereinsmitgliedern unterzeichnet und vom Aufsichtsrathe aufbewahrt.

(§ 6 Ziffer 3, § 45 des Genoss.-Ges.)

k) Angelegenheiten, welche der Beschlußfassung der Generalversammlung unterliegen.

§ 47. Der Beschlußfassung der Generalversammlung unterliegen außer den sonst in diesem Statut dahin verwiesenen Gegenständen folgende Angelegenheiten:

1. Abänderung und Ergänzung des Statuts;
2. Auflösung und Liquidation des Vereins, sowie Umwandlung desselben in eine andere Art der „eingetragenen Genossenschaft";
3. Wahl des Vorstandes und Genehmigung der mit Vorstandsmitgliedern zu schließenden Verträge;
4. Wahl und Entschädigung des Aufsichtsraths;
5. Verfolgung von Rechtsansprüchen gegen die vorstehend unter Ziffer 3 und 4 genannten Personen und Enthebung derselben von ihren Aemtern;
6. Wahl der Bevollmächtigten zur Führung von Prozessen gegen die Mitglieder des Aufsichtsraths, deren Legitimation durch Abschrift des betreffenden Generalversammlungsbeschlusses geführt wird;

7. die oberste Entscheidung über alle gegen die Geschäftsführung und Beschlüsse des Vorstandes und Aufsichtsraths eingebrachten Beschwerden;
8. Genehmigung der Instruktionen für den Vorstand und Aufsichtsrath und der Geschäftsordnung für die Generalversammlungen;
9. Entscheidung von Streitigkeiten über die Auslegung des Statuts und der Gesellschaftsbeschlüsse;
10. Erwerb, Veräußerung und Belastung von Grundeigenthum;
11. Bestimmung des Höchstbetrages, welchen die den Verein belastenden Credite zusammen nicht überschreiten dürfen;
12. Festsetzung der von Lagerhaltern zu leistenden Kautionen;
13. Verträge, welche wiederkehrende Verpflichtungen für den Verein begründen und nicht jederzeit mit einer längstens dreimonatlichen Kündigungsfrist gelöst werden können;
14. Zahl der Vereins-Verkaufslokale;
15. Bestimmung neuer Zweige des Waarenhandels, auf welche das Vereinsgeschäft ausgedehnt werden soll;
16. außerordentliche Ausgaben von mehr als . . . Mark;
17. Anlegung von Vereinsgeldern außerhalb des Waarenverkaufsgeschäfts;
18. Vertheilung des Geschäftsgewinns und Entlastung des Vorstandes wegen dessen Geschäftsführung;
19. Ausschluß von Mitgliedern aus dem Verein;
20. Anschluß an genossenschaftliche Verbände und Austritt aus denselben;
21. Bericht des Genossenschafts-Revisors nach § 61 Abs. 2 des Genoss.-Ges.

(§ 16 Abs. 1, § 24 Abs. 2, § 34 Abs. 1, § 37 Abs. 1 und 3, § 41, § 46 Abs. 1, § 47, § 61 Abs. 2, § 76 des Genoss.-Ges.)

§ 48 vergl. oben Abschnitt III § 48 S. 44.

§ 49. Das Ende der Mitgliedschaft tritt nur am Halbjahrsschluß ein und zwar, abgesehen von den Fällen des § 52, auch nur in Folge der Eintragung seitens des Gerichts in die Liste der Genossen nach Anzeige des Vorstandes über den Grund des Ausscheidens.

Es ist aber auch eine Uebertragung des Geschäftsguthabens bezw. der Mitgliedschaft nach Maßgabe des § 74 des Genoss.-Ges. zulässig, jedoch nur mit Genehmigung des Vorstandes und des Aufsichtsraths. (§ 33 Ziffer 8.)

§§ 50 bis 52 vergl. oben Abschnitt III §§ 50 bis 52 S. 45.

§ 53. Die Auseinandersetzung mit dem Ausgeschiedenen bezw. dessen Erben erfolgt auf Grund der Bilanz. Derselbe erhält sein Geschäftsguthaben einschließlich der Dividende für das letzte Halbjahr oder, wenn der Verein in Verlust war, nach Abzug der erforderlichen Abschreibung spätestens 8 Wochen nach Endigung der Mitgliedschaft ausgezahlt. Reicht das Vermögen des Vereins einschließlich der Reserven und aller Geschäftsguthaben zur Deckung der Schulden nicht aus, so verliert der Ausgeschiedene sein ganzes Geschäftsguthaben und hat außerdem von dem Fehlbetrage den ihn treffenden Kopfantheil an den Verein zu zahlen.

(§ 71 des Genoss.-Ges.)

§ 54 vergl. oben Abschnitt III § 54 S. 46.

§ 55. Dagegen ist jedes Mitglied verpflichtet:

a) zur Bildung eines Geschäftsantheils die § 56 bestimmten Zahlungen zu leisten;

b) ein Eintrittsgeld von 1 Mark bei der Aufnahme zu entrichten;

c) vom Vereinslager Waaren zu entnehmen und dieselben bei der Entnahme sofort zu bezahlen;

d) dem Statut, sowie den Beschlüssen und dem Interesse der Genossenschaft nicht zuwiderzuhandeln;

e) für Erfüllung der Verbindlichkeiten des Vereins diesem, sowie unmittelbar den Gläubigern desselben mit seinem ganzen Vermögen zu haften.

(§ 2 Ziffer 1, § 7 Ziffer 1, § 23 Abs. 2 des Genoss.-Ges.)

F. Geschäftsantheile (Geschäftsguthaben) der Mitglieder.

§ 56. Der Geschäftsantheil wird auf 30 Mark bestimmt. Jedes Mitglied muß darauf beim Eintritt mindestens 2 Mark und im nächsten Monat mindestens 1 Mark entrichten. Außerdem wird bis zur Erreichung des Geschäftsantheils die Dividende (§ 65) dem Geschäftsguthaben zugeschrieben.

(§ 7 Ziffer 2, § 16 Abs. 2, § 22 Abs. 1, § 112 des Genoss.-Ges.)

§ 57. Jedes Mitglied erhält über sein Geschäftsguthaben ein besonderes Buch, worin der Vorstand den Zugang und bei nöthigen Abschreibungen den Abgang bemerkt.

§ 58. Das Geschäftsguthaben darf während der Dauer der Mitgliedschaft vom Verein weder ganz noch theilweise ausbezahlt, noch im geschäftlichen Betriebe zum Pfande genommen werden.

(§ 22 Abs. 2 des Genoss.-Ges.)

§§ 59 bis 64 vergl. oben Abschnitt III §§ 59 bis 64 S. 48—50.

K. Vertheilung von Gewinn und Verlust.

§ 65. Vom Reingewinn erhalten zunächst die Mitglieder als Kapitaldividende auf jede volle Mark ihres Geschäftsguthabens am Schluß des vorhergehenden Geschäftshalbjahres 2 Pfennige (4 Prozent) zugeschrieben, sodann werden die durch Verträge oder durch besondere Beschlüsse der Generalversammlung den Beamten des Vereins, sowie den Vorstandsmitgliedern vom Reingewinn etwa zugesicherten Tantièmen und die Remuneration für den Aufsichtsrath berichtigt. Vom Ueberschusse erhält der Reservefond, solange derselbe noch nicht oder nicht wieder die § 59 festgesetzte Höhe erreicht hat, 5—10 Prozent, der Dispositionsfond höchstens 4 Prozent, der Rest wird den Geschäftsguthaben der Mitglieder nach Verhältniß der von letzteren in der betreffenden Rechnungsperiode durch das Vereinslager bezogenen Waaren als Einkaufsdividende zugeschrieben, insoweit die Generalversammlung nicht eine weitere außerordentliche Abschreibung auf Mobilien oder Immobilien beschließt oder einen Theil des Gewinns unvertheilt auf die nächste Rechnungsperiode vortragen läßt.

§ 66. Eine aus der Halbjahrsrechnung etwa sich ergebende Unterbilanz wird in erster Linie aus dem Reservefond gedeckt und, insofern dieser hierzu nicht ausreicht, fernerhin von den Geschäftsguthaben der Mitglieder im Verhältniß zu ihrer Höhe abgeschrieben. Ein dann noch zu deckender Rest wird auf die Mitglieder gleichmäßig nach Köpfen umgelegt, und hat der Vorstand in diesem Falle die Generalversammlung zur Beschlußfassung, ob die Genossenschaft aufgelöst werden soll, zu berufen.

(§ 115 des Genoss.-Ges.)

§§ 67, 68 vergl. oben Abschnitt III §§ 67, 68 S. 51.

§ 69. Das Konkursverfahren findet im Falle der Zahlungsunfähigkeit, nach Auflösung der Genossenschaft auch im Falle der Ueberschuldung statt und regelt sich nach den §§ 91—111, 116—118 des Genoss.-Ges.

§§ 70 bis 72 vergl. oben Abschnitt III §§ 70 bis 72 S. 52.

---

b) Motive und Erläuterungen.

aa) Im Allgemeinen.

Die allgemeine Begründung zum Musterstatut für Consumvereine mit beschränkter Haftpflicht (im Abschnitt III) trifft auch für das vorstehende Musterstatut für Consumvereine mit unbeschränkter Haftpflicht zu, weshalb auf diese Begründung zu verweisen ist. Ebenso wird die zu den einzelnen Paragraphen gegebene Begründung dadurch in der Regel nicht berührt, daß der Verein die unbeschränkte Haftpflicht statt der beschränkten Haftpflicht als Grundlage hat. Die Ausnahmen von dieser Regel ergeben die nachstehenden Motive.

Wenn ein Consumverein mit beschränkter Haftpflicht sich umwandeln will in eine Genossenschaft mit unbeschränkter Haftpflicht — ein Fall, der allerdings nicht leicht vorkommen wird —, dann werden sich seine Statutenänderungen auf die vorstehend hervorgehobenen §§ 1, 9, 11, 36, 45—47, 49, 53, 55—58, 65, 66 und 69 beschränken. Ebenso wird umgekehrt ein Consumverein, der von der unbeschränkten Haftpflicht zur beschränkten übergehen will — ein Fall, der sich erfahrungsmäßig oft ereignet —, wenn er das vorstehende Statut angenommen hatte, nur die vorerwähnten Paragraphen im Sinne des im III. Abschnitte veröffentlichten Musterstatuts abzuändern brauchen, um das Statut überall mit den besonderen für die beschränkte Haftpflicht geltenden Anforderungen in Einklang zu bringen.

bb) Zu den einzelnen Paragraphen.

Zu § 1. Dieser Paragraph unterscheidet sich von dem § 1 des Musterstatuts mit beschränkter Haftpflicht nur durch die Firma des Vereins und ist deshalb auf die Begründung S. 54 ff. zu verweisen.

Wenn ein Consumverein, der bisher „eingetragene Genossenschaft mit beschränkter Haftpflicht" war, zur unbeschränkten Haftpflicht übergeht, findet eine neue „Unterzeichnung" des zu diesem Zweck abgeänderten Statuts nicht statt, und es würde deshalb dann auch der Eingang des § 1:

„Die Unterzeichneten bilden unter der Firma u. s. w."

nicht zutreffen. Es empfiehlt sich bei diesen Vereinen den § 1 so zu fassen:

„§ 1. Die Genossenschaft führt die Firma: .... zu N .... eingetragene Genossenschaft mit unbeschränkter Haftpflicht.

Gegenstand des Unternehmens ist die Beschaffung unverfälschter und guter Waaren für den persönlichen und Haushaltungsbedarf der Mitglieder gegen sofortige Baarzahlung und Ansammlung eines Kapitals für dieselben aus dem dabei erzielten Ueberschusse.

Der Sitz der Genossenschaft ist N ......"

Dem § 1 wird außerdem in diesem Falle folgende Einleitung vorauszuschicken sein:

„Die bisher in N ...... unter der Firma .... Eingetragene Genossenschaft mit beschränkter Haftpflicht bestehende Genossenschaft hat sich nach den Bestimmungen der §§ 138, 139 des Genoss.-Ges. vom 1. Mai 1889 in eine Genossenschaft mit unbeschränkter Haftpflicht umgewandelt und ihr Statut in nachstehenden Paragraphen abgeändert:"

Zu §§ 9, 47, 65. Da in Genossenschaften mit unbeschränkter Haftpflicht jedes Mitglied nur mit einem

Geschäftsantheil betheiligt sein darf, so mußten hier diejenigen Bestimmungen fortgelassen oder geändert werden, die sich auf den Erwerb eines zweiten oder dritten Geschäftsantheils bezogen.

Zu § 11. Dieser Paragraph unterscheidet sich von dem § 11 des Musterstatuts im III. Abschnitt nur dadurch, daß die Hinweise auf die ausschließlich die Genossenschaften mit beschränkter Haftpflicht angehenden Paragraphen des Genoss.-Ges. gestrichen sind.

Zu § 36. Es ist hier von der Voraussetzung ausgegangen, daß nur physische Personen als Mitglieder aufgenommen werden, und daß daher auch nur bei den Erben eines verstorbenen Mitgliedes die Vertretung durch einen Bevollmächtigten in Frage kommen kann. Nach § 41 des Genoss.-Ges. können allerdings auch Korporationen, Handelsgesellschaften, Genossenschaften oder andere Personenvereine sich in der Generalversammlung durch einen Bevollmächtigten vertreten lassen, und es ist darauf auch im § 36 des Musterstatuts im Abschnitt III Rücksicht genommen. In eine Genossenschaft mit unbeschränkter Haftpflicht aber als Mitglied einzutreten, muß anderen Genossenschaften und ähnlichen Gesellschaften auf das dringendste widerrathen werden. Schulze-Delitzsch wollte dies, als er noch die unbeschränkte Haftpflicht als die alleinige Grundlage für Genossenschaften voraussetzte, sogar im Gesetz selbst ausdrücklich verbieten. Indem die Mitgliedsgenossenschaft mit der unbeschränkten Haftpflicht für alle Verbindlichkeiten der anderen Genossenschaft eintritt, übernimmt sie nicht nur für sich selbst, sondern auch für alle ihre Mitglieder ein Risiko, welches außer Verhältniß steht sowohl zu dem Nutzen, den sie günstigen Falls aus der Mitgliedschaft ziehen kann, als auch zu dem Einfluß, den sie mit einer Stimme in der

Generalversammlung der anderen Genossenschaft auf deren Verwaltung und Geschäftsgebarung ausüben kann. Wenn nun nach § 36 Handelsgesellschaften und Genossenschaften in der Generalversammlung kein Stimmrecht haben würden, werden sie wohl auch, ohne daß ihnen der Beitritt im Statut ausdrücklich verwehrt wird, auf denselben schon selbst verzichten.

Eventuell könnte aber auch Abs. 3 des § 48 dahin gefaßt werden:

„Aufnahmefähig sind alle physischen Personen, welche sich durch Verträge verpflichten können."

Zu §§ 45, 46. Die Abweichung von den §§ 45, 46 des Musterstatuts im III. Abschnitt rührt lediglich daher, daß es bei Genossenschaften mit unbeschränkter Haftpflicht keine bestimmte „Haftsumme" giebt.

Zu § 49. Hier gilt dasselbe, was oben zu § 11 gesagt ist.

Zu § 53. Es ist bei Genossenschaften mit unbeschränkter Haftpflicht immer für gerecht gehalten worden, Verluste, die durch das eigene Vermögen des Vereins nicht gedeckt werden können, insoweit sie so nicht Deckung finden, nach Köpfen, also gleichmäßig auf die Mitglieder umzulegen, und ist dieser Grundsatz daher hier auch auf die ausscheidenden angewendet.

Zu § 55. Es kommt hier lediglich Litt. e in Betracht, die die „unbeschränkte Haftpflicht" der Mitglieder der Vorschrift des Gesetzes gemäß zum Ausdruck bringt.

Zu § 56. Der Geschäftsantheil ist hier auch auf 30 Mark festgesetzt, obgleich man bei Konsumvereinen mit unbeschränkter Haftpflicht die eigene Kapitalbildung nicht durch Zulassung eines zweiten oder gar dritten Geschäftsantheils fördern kann. Sollte es aber in Folge dessen in der ersten Thätigkeit eines Vereins an eigenem Kapital fehlen, so wird demselben andererseits bei der unbeschränkten Haftpflicht die Heranziehung ausreichenden fremden Kapitals um so leichter sein. Eventuell wird sich ihm auch der Waarencredit nicht versagen, wenn er auch nur als Nothbehelf in Anspruch genommen werden sollte. Vergl. oben Abschnitt III zu § 56 S. 84 ff. Wie dort ausgeführt ist, müßten bei höherer Normirung des Geschäftsantheils auch die baaren Einzahlungen darauf weiter ausgedehnt werden, um der gesetzlichen Vorschrift gemäß dieselben bis zu 10 Prozent des Geschäftsantheils nach Betrag und Zeit im Statut festzusetzen. Bei einem Geschäftsantheil von 50 Mark z. B. würden neben einer ersten Einzahlung von 2 Mark drei Monatsbeiträge von je 1 Mark zu beanspruchen sein. Je mehr Monatsbeiträge von je 1 Mark verlangt werden, um so schwerer wird es freilich auch bei vielen Mitgliedern sein, dieselben pünktlich einzuziehen.

Zu § 66. Für die Deckung von Verlusten ist hier natürlich dasselbe Prinzip aufgestellt, wie in § 53 für die Betheiligung einzelner Ausgeschiedener an einer Unterbilanz. Daß, wenn die Verluste das ganze eigene Kapital übersteigen, eine Generalversammlung berufen werden muß, um über den Fortbestand des Vereins zu entscheiden, verlangt das Gesetz.

Zu § 69. Die Bestimmungen des Gesetzes über das Konkursverfahren in das Statut aufzunehmen, hieße dasselbe durch eine Menge Vorschriften belasten, die hoffentlich niemals bei dem Verein praktisch werden.

c) Formular zur Beitrittserklärung bei unbeschränkter Haftpflicht.

Ich erkläre hiermit meinen Beitritt zu der unter der Firma . . . . zu N. . . Eingetragene Genossenschaft mit unbeschränkter Haftpflicht hier bestehenden Genossenschaft, deren einzelne Mitglieder für die Verbindlichkeiten der Genossenschaft dieser sowie unmittelbar den Gläubigern derselben nach Maßgabe des Gesetzes vom 1. Mai 1889 mit ihrem ganzen Vermögen haften.

N. . . ., den . . ten . . . . . . 18 . .

(Unterschrift.)

V.

Musterstatut für Consumvereine mit unbeschränkter Nachschußpflicht nebst Begründung.

a) Musterstatut für Consumvereine mit unbeschränkter Nachschußpflicht.

A. Firma, Sitz und Gegenstand des Unternehmens.

§ 1. Die Unterzeichneten bilden unter der Firma:

. . . . . zu N. . . . eingetragene Genossenschaft
mit unbeschränkter Nachschußpflicht

einen Verein zur Beschaffung unverfälschter und guter Waaren für den persönlichen und Haushaltungsbedarf seiner Mitglieder gegen sofortige Baarzahlung und zur Ansammlung eines Kapitals für dieselben aus dem dabei erzielten Ueberschusse.

Der Sitz des Vereins ist N. . . .

§§ 2 bis 54 lauten übereinstimmend mit den §§ 2 bis 54 des Musterstatuts im Abschnitt IV S. 108—113.

§ 55. Dagegen ist jedes Mitglied verpflichtet:

a) zur Bildung eines Geschäftsantheils die § 56 bestimmten Zahlungen zu leisten;

b) ein Eintrittsgeld von 1 Mark bei der Aufnahme zu entrichten;

c) vom Vereinslager Waaren zu entnehmen und dieselben bei der Entnahme sofort zu bezahlen;

d) dem Statut, sowie den Beschlüssen und dem Interesse der Genossenschaft nicht zuwiderzuhandeln;

e) für Erfüllung der Verbindlichkeiten des Vereins zwar mit seinem ganzen Vermögen, aber nicht unmittelbar den Gläubigern des Vereins zu haften, vielmehr nur dem letzteren die zur Befriedigung der Gläubiger erforderlichen Nachschüsse zu leisten.

(§ 2 Ziffer 2, § 7 Ziffer 1, § 23 Abs. 2, §§ 120, 121 des Genoss.-Ges.)

§§ 56—68 lauten übereinstimmend mit den §§ 56—68 des Musterstatuts in Abschnitt IV S. 114 f.

Nur ist unter dem § 56 statt auf den § 112 auf § 120 des Genoss.-Ges. und unter dem § 66 statt auf den § 115 auf § 120 des Genoss.-Ges. zu verweisen.

§ 69. Das Konkursverfahren findet im Falle der Zahlungsunfähigkeit, nach Auflösung der Genossenschaft auch im Falle der Ueberschuldung statt und regelt sich nach den §§ 91—111, 122—124 des Genoss.-Ges.

§§ 70—72 vergl. oben Abschnitt IV §§ 70—72 S. 115.

---

b) Begründung.

Der Unterschied zwischen den Genossenschaften mit unbeschränkter Haftpflicht und den Genossenschaften mit unbeschränkter Nachschußpflicht wird erst bemerkbar im Konkurse der Genossenschaft und auch nicht in jedem Konkurse, sondern nur in denjenigen, wo trotz des durch das neue Gesetz verbesserten Umlageverfahrens nach Ablauf von drei Monaten seit dem Termin, in welchem die Nachschußberechnung für vollstreckbar erklärt ist, die Gläubiger noch nicht vollständig befriedigt sind. Bei den Genossenschaften mit unbeschränkter Haftpflicht tritt dann der Einzelangriff in Wirksamkeit (§ 116), während bei den Genossenschaften mit unbeschränkter Nachschußpflicht die Einziehung der Nachschüsse fortgesetzt (§ 124), und inzwischen die noch nicht gedeckten Beträge von den innerhalb der letzten 18 Monate vor Eröffnung des Konkursverfahrens ausgeschiedenen Genossen (§ 122) gemäß § 98 des Gesetzes eingezogen werden. Auf die innere Organisation der beiden Arten der Genossenschaften hat dieser Unterschied natürlich keinen Einfluß, und so bedurften nur die §§ 1, 55 und 69 einer Aenderung.

In Betreff der Begründung zu den einzelnen Paragraphen ist übrigens auf die entsprechende Begründung des Musterstatuts in Abschnitt III und IV zu verweisen.

---

c) Formular zur Beitrittserklärung.

Ich erkläre hiermit meinen Beitritt zu der unter der Firma . . . . . . zu N. . . Eingetragene Genossenschaft mit unbeschränkter Nachschußpflicht allhier bestehenden Genossenschaft, deren Mitglieder mit ihrem ganzen Vermögen verpflichtet sind, der Genossenschaft die zur Befriedigung der Gläubiger derselben erforderlichen Nachschüsse nach Maßgabe des Gesetzes vom 1. Mai 1889 zu leisten.

N. . ., den . . ten . . . . . 18 . .

(Unterschrift.)

VI.

Instruktionen für Vorstand und Aufsichtsrath.

Die Instruktionen für den Vorstand und Aufsichtsrath sollen die allgemeinen Vorschriften des Gesetzes und des Statuts über die Obliegenheiten beider Organe im einzelnen ausführen und dürfen daher selbstverständlich weder mit dem Gesetz noch mit dem Statut in Widerspruch stehen. Es wäre ein durchaus verfehltes, weil rechtlich wirkungsloses Vorgehen, Bestimmungen des Statuts, die sich nicht bewährt haben, dadurch unschädlich machen zu wollen, daß man die Sache in der Instruktion anders ordnet. Wenn auch die Instruktion von der Generalversammlung genehmigt ist, kann sie doch nicht das Statut ändern; denn sie ist weder unter Beobachtung der für Statutenänderungen vorgeschriebenen Beschränkungen beschlossen, noch ist sie ins Genossenschaftsregister eingetragen, was nach dem Gesetz die Voraussetzung für die Giltigkeit jeder Statutenänderung ist. Bei einem Widerspruch zwischen Statut und Instruktion muß daher das Statut beobachtet werden, und der Vorstand oder Aufsichtsrath, wen von beiden es nun treffen mag, kann sich für die Verletzung des Statuts nicht auf die Instruktion berufen.

Die nachfolgende Instruktion für den Vorstand stimmt im Wesentlichen mit der auf dem allgemeinen Genossenschaftstage in Königsberg (1889) empfohlenen Probeinstruktion überein, während die Instruktion für den Aufsichtsrath auf der vom allgemeinen Genossenschaftstage in Eisenach (1878) empfohlenen, in meinem „Taschenbuch" S. 360 ff. abgedruckten Probeinstruktion für den Aufsichtsrath beruht. Beide Instruktionen stützen sich auf die in den vorhergehenden Abschnitten dieses Buchs mitgetheilten Musterstatuten und werden nach Befinden abgeändert werden müssen, wenn diese namentlich in denjenigen Bestimmungen, die die Obliegenheiten der Vorstandsmitglieder oder des Aufsichtsraths betreffen, bei der Anwendung auf den einzelnen Verein Aenderungen erfahren.

Wir lassen nun die Instruktionen nach ihrem Wortlaut folgen und fügen die zum Verständniß dienlichen Bemerkungen als Fußnoten den einzelnen Paragraphen hinzu.

---

a) Instruktion (Geschäftsanweisung) für den Vorstand.

§ 1. Die Mitglieder des Vorstandes sind dem Verein für die Erfüllung der in Nachstehendem gemäß §§ . . . . .[1]) des Statuts ihnen auferlegten Verpflichtungen verantwortlich.

§ 2. Dieselben haben sich nach Bedürfniß gegenseitig zu unterstützen und in Behinderungsfällen nach § . .[2]) des Statuts zu vertreten.

---

[1]) Nach dem Musterstatut würde auf die §§ 6 bis 19 hinzuweisen sein.

[2]) Nach dem Musterstatut würde auf § 19 hinzuweisen sein. Daß der Stellvertreter die Funktionen des von ihm vertretenen für die Dauer von dessen Behinderung wahrzunehmen hat, ist selbstverständlich und braucht daher in der Instruktion nicht besonders hervorgehoben zu werden.

§ 3. Die ordentlichen Sitzungen des Vorstands finden regelmäßig [1]) . . . . . im . . . Lokale statt, und darf kein Mitglied ohne dringende Veranlassung fehlen.

§ 4. Außerordentliche Vorstandssitzungen kann der Geschäftsführer berufen, sobald er es für nöthig hält, er ist dazu verpflichtet, sobald ein Vorstandsmitglied unter Angabe der Berathungsgegenstände hierauf anträgt.

§ 5. In den Vorstandssitzungen führt der Geschäftsführer, und bei dessen Behinderung der Controleur [2]) den Vorsitz.

§ 6. In den Vorstandssitzungen ist vom Geschäftsführer ein Protokoll zu führen (§ . . . des Statuts) [3]), in das, wenn ein Mitglied fehlt, der Grund seiner Abwesenheit und alle gefaßten Beschlüsse [4]) einzutragen sind. Die anwesenden Vorstandsmitglieder haben dasselbe zu unterzeichnen. Stimmt ein Vorstandsmitglied einem gefaßten Beschlusse nicht zu, so kann es verlangen, daß sein Widerspruch im Protokoll vermerkt wird.

§ 7. Der Vorstand hat in seinen Sitzungen folgende Angelegenheiten zu erledigen:

1. die Zutheilung der Arbeiten an die einzelnen Vorstandsmitglieder im Rahmen des Statuts;

---

[1]) Bei vielen Vereinen wird eine ordentliche Sitzung in der Woche genügen und ist dann hier das Wort „wöchentlich" einzuschalten, in anderen größeren Vereinen werden 2 Sitzungen in der Woche nöthig sein, während in den größten, die die Kraft mindestens zweier Vorstandsmitglieder vollständig für sich in Anspruch nehmen, diese täglich bestimmte Geschäftsstunden zur Erledigung der laufenden Geschäfte einhalten müssen. Dann ist diese Erledigung der Arbeiten auch im Statut zum Ausdruck zu bringen und § 10 des Musterstatuts entsprechend zu ändern.

[2]) Wenn der Controleur sonst den Geschäftsführer vertritt (§ 19 des Musterstatuts), ist es billig, daß er ihn auch in der Leitung der Vorstandssitzungen vertritt.

[3]) Im Musterstatut kommt § 15 in Betracht.

[4]) Vergl. oben in Abschnitt III zu §§ 9, 10 die Vorschläge, wie die Protokollführung erleichtert werden kann.

2. der Einkauf von Waaren bis unter . . . Mk.[1]) in einem Posten;
3. die Festsetzung der Verkaufspreise, sowie Aenderung derselben, insbesondere für minderwerthige Waaren;
4. die Anschaffung und Veräußerung von Inventarstücken, deren Kostenpreis unter . . . Mk.[1]) für jeden einzelnen Gegenstand beträgt;
5. außerordentliche Ausgaben namentlich für Bauten und Grundstücksverbesserungen bis unter . . . Mk;[1])
6. die Aufnahme von Mitgliedern und deren Legitimationsführung beim Waareneinkauf;[2])
7. Die Entlassung von Vereinsbeamten,[3]) Gehilfen und Arbeitern im Dienste des Vereins;
8. die Bestimmung der Tage und Geschäftsstunden, während welcher die Verkaufsstellen offen sein sollen;
9. die Feuerversicherung der vorhandenen Waaren, des Inventars und der Gebäude;

---

[1]) Es ist hier selbstverständlich die Grenze einzuhalten, über welche hinaus nach dem Statut (vergl. Musterstatut § 33 Ziff. 3, 2, 1) die bezüglichen Ausgaben der Genehmigung des Aufsichtsraths bedürfen.

[2]) Vergl. hierzu Musterstatut § 9 und § 60 Abs. 4, sowie die Begründung zu § 60 (S. 97 bis 99).

[3]) Zu den Vereinsbeamten gehören namentlich die Lagerhalter. Ihre Anstellung sowie die untergeordneter Gehilfen und Arbeiter im Dienste des Vereins darf zwar nur, weil es sich dabei um Verträge handelt, die wiederkehrende Verpflichtungen für den Verein begründen, mit Genehmigung des Aufsichtsraths (vergl. Musterstatut § 33 Ziff. 7) erfolgen, ihre Entlassung aber muß der Vorstand wegen seiner Verantwortlichkeit für die Geschäftsführung auch für sich allein verfügen können. Die Generalversammlung soll mit der Person der Lagerhalter überall nichts zu thun haben, sondern nach § 47 Ziff. 12 des Musterstatuts nur die Höhe der Kaution und nach § 47 Ziff. 13 das. die Genehmigung des Vertrages mit demselben, falls er ausnahmsweise auf längere als 3monatliche Kündigung geschlossen werden sollte, beschließen.

10. die Versicherung der Beamten und Arbeiter des Vereins, welche nach den bezüglichen Gesetzen dem Zwange der Alters- und Invaliditätsversicherung, der Krankenversicherung und der Unfallversicherung unterworfen sind;

11. die eingegangenen Beschwerden der Mitglieder, Lagerhalter und Lieferanten. Den Beschwerdeführern ist schriftlich oder mündlich Bescheid zu ertheilen; dem Aufsichtsrath ist auf sein Verlangen von der Beschwerde und dem Bescheide, jedenfalls aber dann von dem Bescheide Kenntniß zu geben, wenn die Beschwerde durch ihn an den Vorstand gelangt ist.

§ 8. Ueber die in § . .[1]) des Statuts bezeichneten Angelegenheiten hat der Vorstand zu beschließen und durch den Geschäftsführer die Genehmigung des Aufsichtsraths zur Ausführung des Beschlusses einzuholen.

§ 9. Die in §§ . . . .[2]) des Statuts bezeichneten Angelegenheiten hat der Vorstand zur Beschlußfassung in den gemeinschaftlichen Sitzungen des Vorstands und Aufsichtsraths bezw. in der Generalversammlung vorzubereiten.

Waaren-Einkäufe.

§ 10. Die Ausführung der statutenmäßig beschlossenen Waareneinkäufe liegt dem Geschäftsführer ob, unbeschadet der Verpflichtung, alle mündlichen und schriftlichen Willenserklärungen für den Verein von 2 Vorstandsmitgliedern abgeben zu lassen.

§ 11. Die eingekauften Waaren sind sofort nach ihrer Lieferung von dem Geschäftsführer einer genauen Prüfung zu

---

1) Vergl. § 33 des Musterstatuts.

2) Vergl. §§ 34, 47 des Musterstatuts. Manche der dort in § 47 bezeichneten Angelegenheiten z. B. die unter Ziff. 3, 4, 22 werden allerdings nicht gerade vom Vorstande für die Generalversammlung vorzubereiten sein.

unterziehen in Bezug auf ihre Beschaffenheit, ihr Gewicht oder Maß. Nicht der Probe oder den Verkaufsbedingungen entsprechende Waaren sind zurückzuweisen, und ist dem Lieferanten unverzüglich davon Anzeige zu machen.

§ 12. Jede Spekulation bei den Waareneinkäufen ist verboten; der Vorstand, insbesondere der Geschäftsführer, hat aber dafür Sorge zu tragen, daß jederzeit ein genügender, einen Nothkauf ausschließender Vorrath an allen Waarengattungen vorhanden ist, dagegen Waarenbestände, welche keinen Absatz finden, nicht länger auf Lager gehalten werden.

§ 13. Mit Rücksicht auf die Bestimmungen der Reichsgesetze über den Verkehr mit Nahrungs- und Genußmitteln, Verkauf von Petroleum, sowie über die Beschaffenheit der Metallgefäße, hat sich der Geschäftsführer beim Kaufe bündige Erklärungen darüber geben zu lassen, daß die Waaren u. s. w. unverfälscht, ohne fremdartige, der Benennung widersprechende Beimischungen, frei von minderwerthigen, schädlichen Bestandtheilen sind und den gesetzlichen Anforderungen entsprechen.

Beaufsichtigung der Verkaufsstellen.

§ 14. Die Vorstandsmitglieder, insbesondere der Geschäftsführer, haben das Vereinslager recht häufig zu besuchen und darauf zu achten, daß dort überall Reinlichkeit und Ordnung herrscht, die Waaren zweckmäßig aufbewahrt, und Gewichte und Gemäße den gesetzlichen Anforderungen entsprechend gehalten werden. Etwaige Mißstände sind sofort abzustellen und dem Lagerhalter dahingehende Weisung zu ertheilen.

Controle der Lagerhalter.

§ 15. Zur Controle der Lagerhalter hat der Geschäftsführer das Lagerhalterbuch zu führen und für ordnungsmäßige Abrechnung mit den Lagerhaltern zu sorgen. Die Dividendenmarken erhalten die Lagerhalter vom Kassirer, der dieselben in einem besonderen Buche zurechnet und in Berücksichtigung des

Verkaufserlöses wenigstens halbjährlich prüft, ob keine Mehrausgabe von Dividendenmarken[1]) stattgefunden hat.

Buchführung.[2])

§ 16. Die Vorstandsmitglieder sind verpflichtet, folgende mit Seitenzahlen versehene Bücher zu führen oder durch Angestellte führen zu lassen und im letztern Falle sich fortlaufend zu unterrichten, daß die Buchungen ordnungsmäßig und rechtzeitig in diesen Büchern geschehen sind:

---

[1]) Bei Vereinen, die die Waaren mit Werthmarken bezahlen lassen, die vorher vom Kassirer gekauft sind, fällt die Controle durch die Dividendenmarken, die ja nicht geführt werden, natürlich fort.

[2]) Vergl. hierzu Abschn. III zu §§ 14 bis 19 S. 64. Das unreine Kassenbuch und das reine Kassenbuch (unter a und b) können zu einem Kassenbuch vereinigt werden, wenn man letzteres mit besonderen Spalten für die einzelnen Sach-Conten versieht, wie dies nach S. 414 meines „Taschenbuchs" angegeben ist. Nach Bedarf können diese Spalten auch noch vermehrt werden. Unter „Geschäftsguthaben-Contobuch" (unter d) ist nicht das betreffende Sach-Conto des Hauptbuchs zu verstehen, das auch überall geführt werden sollte, sondern das S. 438, 439 meines „Taschenbuchs" erläuterte Beibuch. Das Memorial (unter e) wird sonst vielfach als das der doppelten Buchführung eigenthümliche Buch angesehen, Oppermann hat es aber auch für die einfache Buchführung (vergl. „Taschenbuch" S. 407) empfohlen, jedoch mit dem Unterschied, daß bei der doppelten Buchführung hier jeder Geschäftsvorfall doppelt zu buchen ist (vergl. „Taschenbuch" S. 452 bis 454). Das Hauptbuch (unter f) enthält nach Oppermann bei der einfachen Buchführung in der Hauptsache persönliche Conten; nicht selten aber wird das Hauptbuch anders behandelt, so daß es die Sach-Conten der Bilanz nachweist, und die persönlichen Conten als Beibuch gelten. Die Controle des Waaren-Ein- und Ausgangs (unter g) kann bei kleinen Vereinen entbehrt werden. — Für die Inventuren ein Inventurbuch (unter i) zu führen, ist im Handels-Ges.-B. nicht vorgeschrieben, es kann auch für jede Inventur ein besonderes Heft angelegt werden, nur sollen die Inventuren dann in zusammenhängender Reihenfolge geordnet aufbewahrt werden.

a) das unreine Kassenbuch,
b) das reine Kassenbuch,
c) das Einkaufsbuch (Fakturenbuch),
d) das Geschäftsguthaben-Contobuch,
e) das Memorial,
f) das Hauptbuch,
g) die Controle des Waaren-Ein- und Ausgangs,
h) das Lagerhalterbuch,
i) das Inventurbuch,
k) das Bilanzbuch,
l) das Kopirbuch,
m) das Utensilienlagerbuch.

Noch andere nach Ansicht des Vorstands nöthige Nebenbücher zu führen, bleibt demselben vorbehalten.

§ 17. Alle Bücher und Schriftstücke sind auf die Dauer von 10 Jahren nach Vorschrift des Art. 33 des Handels-Ges.-B. wohlgeordnet aufzubewahren. Die Hauptbücher, Bilanzbücher, Inventuren, gedruckte oder geschriebene Jahresberichte, welche über die Lage und Entwicklung des Vereins Auskunft geben, sollen niemals vernichtet werden. Die Statuten und Nachträge dazu, Instruktionen, Kontraktsformulare und sonstige vom Verein ausgehende Drucksachen sind des leichteren Nachschlagens wegen zu einem Aktenhefte zu vereinigen.

§ 18. Die Fachzeitschriften, Jahresberichte des Anwalts und sonstige genossenschaftliche Werke sind eingebunden so aufzubewahren, daß sie jederzeit zur Benutzung bereit sind.

Inventuraufnahme und Rechnungsabschlüsse.

§ 19. Dem Vorstand liegen die ordentlichen und außerordentlichen Inventuraufnahmen unter Mitwirkung des Aufsichtsraths (§ . .[1]) des Statuts) und die Fertigstellung der Rechnungsabschlüsse ob, er hat daher den Aufsichtsrath rechtzeitig von der beabsichtigten Inventur zu benachrichtigen.

---

[1]) Vergl. Musterstatut § 61.

§ 20. Ueber die Inventur ist ein Protokoll aufzunehmen und von den Vorstandsmitgliedern, sowie den anwesenden Aufsichtsrathsmitgliedern und, soweit der Lagerhalter in Betracht kommt, auch von diesem zu unterschreiben.

§ 21. Der Rechnungsabschluß ist vom Vorstand mit thunlicher Beschleunigung längstens in . . Wochen[1]) nach der ordentlichen Inventur fertigzustellen. Die Waaren sind höchstens zum Einkaufspreise, bei rückgängiger Konjunktur zum Tagespreise, Werthpapiere zum Tageskurse, ausstehende Forderungen zu ihrem wahrscheinlichen Werthe zu berechnen. Es ist sorgfältig darauf zu achten, daß alle Waaren- und sonstigen Schulden, auch die noch zu zahlenden Geschäftsunkosten in den Abschluß aufgenommen werden.

§ 22. Nach Fertigstellung des Rechnungsabschlusses und Prüfung desselben durch alle 3 Vorstandsmitglieder haben dieselben unter der Firma des Vereins ihre Unterschriften hinzuzufügen und dann dem Aufsichtsrathe mit ihren Vorschlägen zur Gewinnvertheilung zur weiteren Veranlassung zu überreichen.

§ 23. Ueber den Abschluß des ersten Halbjahrs jedes Jahres hat der Vorstand eine Geschäftsübersicht, den Abschluß des Gewinn- und Verlust-Conto und die Bilanz sowie Angaben über Ab- und Zugang an Mitgliedern, verbliebene Mitgliederzahl, Vermehrung oder Verminderung der Geschäftsguthaben und Haftsummen[2]) im letzten Halbjahr und Betrag der Haftsumme aller Mitglieder am Schluß des Halbjahrs aufzustellen.

---

[1]) In § 62 des Musterstatuts ist eine Frist von 3 Wochen für die Rechnungslegung vorgesehen, die bei geordneter Verwaltung auch in der Regel genügen wird.

[2]) Haftsummen können selbstverständlich nur Vereine mit beschränkter Haftpflicht haben, bei diesen Vereinen sind aber die hier verlangten Angaben über die Haftsummen ebenso wie die über die Ab- und Zunahme der Geschäftsguthaben nach § 133 des Genoss.-Ges. geboten, bei Vereinen mit einer anderen Haftgrundlage würden diese Angaben fortfallen.

Alljährlich[1]) hat der Geschäftsführer diesem Zahlenmaterial noch einen eingehenden Bericht hinzuzufügen, welcher enthalten muß ferner

a) Bericht über die Thätigkeit der Vereinsorgane;
b) Mittheilungen über wichtige Vereinsvorkommnisse des letzten Jahres;
c) andere Mittheilungen genossenschaftlicher Art, z. B. über den Verbandstag und den Allgemeinen Genossenschaftstag;
d) Klassifikation der Mitglieder nach dem Beruf;
e) Umsatz in den wichtigsten Waaren;
f) Spezifikation der Unkosten nach persönlichen und sachlichen Unkosten.

Rechnungsabschlüsse und Berichte sind zu vervielfältigen und mindestens 8 Tage vor der darüber beschließenden Generalversammlung den Mitgliedern zur Verfügung zu stellen.

§ 24. Außerordentliche Inventuren dienen namentlich zur Controle des Lagerhalters und sind insbesondere dann vorzunehmen, wenn außerhalb des Halbjahrsabschlusses ein Wechsel des Lagerhalters stattfindet. Eine außerordentliche und unvermuthete Inventur muß mindestens in jedem Jahre abgehalten werden.

Besondere Bestimmungen.

I. Für den Geschäftsführer.

§ 25. Der Geschäftsführer hat nach Maßgabe des Statuts die Geschäftsführung des Vereins zu leiten.

Derselbe hat die Verpflichtung, sich von allen die Vereinsgeschäfte betreffenden Angelegenheiten laufend unterrichtet zu

---

[1]) § 23 geht von der Ansicht aus, daß einmal im Jahre ein ausführlicher Bericht den Mitgliedern erstattet werden soll, während der Rechnungsabschluß für das 1. Halbjahr sich immer nur auf das zur Beurtheilung der Verhältnisse und Vermögenslage des Vereins nothwendige Zahlenmaterial beschränken soll.

halten, und ist zu dem Zweck jederzeit **berechtigt**, von sämmtlichen in den Händen der anderen Vorstandsmitglieder befindlichen Listen, Büchern, Schriftstücken und Akten des Vereins Einsicht zu nehmen und die Bestände der Kasse einer Revision zu unterziehen. Mindestens einmal monatlich ist er **verpflichtet**, unvermuthet eine Revision der Kasse und der vom Kassirer und Controleur geführten Geschäftsbücher vorzunehmen. Das Ergebniß der Revision ist in der nächsten Aufsichtsrathssitzung zu Protokoll zu geben.

§ 26. Der Geschäftsführer hat die Korrespondenz des Vereins zu führen und die in Angelegenheiten desselben abzusendenden Briefe abzufassen. Dieselben sind von ihm und einem zweiten Vorstandsmitgliede zu unterschreiben und im Kopirbuche des Vereins zu kopiren.

§ 27. Der Geschäftsführer hat ferner für alle diejenigen Angelegenheiten zu sorgen, welche nicht ausdrücklich einem andern Vorstandsmitgliede übertragen sind, insbesondere:

a) folgende Bücher zu führen:[1])

. . . .

. . . . ;

---

[1]) Bei Vertheilung der Buchführung sind natürlich auch die örtlichen Verhältnisse zu berücksichtigen. Sonst dürfte es naturgemäß sein, von den in § 16 genannten Büchern dem Geschäftsführer die unter c, e, f, g, h, i, k, l zu übertragen, vorausgesetzt, daß das Hauptbuch unter f vorzugsweise die persönlichen Conten enthält; dem Kassirer würden die Bücher unter a, b und d, und dem Controleur die Bücher unter g und m zufallen. Wenn das Hauptbuch die Sach-Conten enthält, und die persönlichen Conten der Lieferanten als Beibücher behandelt werden, könnte das Hauptbuch auch dem Controleur übertragen werden, während dem Geschäftsführer die persönlichen Conten der Lieferanten verblieben. Persönliche Conten der Spareinleger und Darleiher werden am besten dem Kassirer zuzutheilen sein.

b) das dem Vorstande untergeordnete Personal zu überwachen und mit den nöthigen Anweisungen zu versehen;

c) für Versicherung der Waaren, des Mobiliars und der Gebäude gegen Feuer und für die Instandhaltung des Mobiliars zu sorgen; außer beim Rechnungsabschluß noch einmal in jedem Halbjahr die Prüfung des vorhandenen Mobiliars nach dem Utensilienlagerbuch vorzunehmen;

d) die eingehenden Briefe aufzubewahren und zu ordnen, nachdem sie in der Vorstandssitzung zur Vorlage gelangt sind;

e) die nach § ...[1]) des Statuts nothwendigen Anzeigen u. s. w. bei dem Gericht zu erstatten; die Duplikate der Beitrittserklärungen und die Mitgliederlisten nebst den dazu gehörigen Akten, in welche die Benachrichtigungen des Gerichts über Veränderungen im Mitgliederbestande, Erwerb weiterer Geschäftsantheile[2]) nach der Zeitfolge aufzunehmen sind, zu führen;

f) in den Generalversammlungen den Geschäftsbericht zu erstatten;

g) die Zahlungsanweisungen für die Kasse auszustellen;

---

[1]) In den Musterstatuten § 11.

[2]) „Erwerb weiterer Geschäftsantheile" kann nur bei Consumvereinen mit beschränkter Haftpflicht in Frage kommen. Die Benachrichtigungen des Gerichts über Eintragung neuer und Löschung alter Mitglieder u. s. w. zu einem Aktenstück zu sammeln und sorgfältig aufzubewahren, empfiehlt sich sehr, um, wenn durch Brand oder dergl. das Genossenschaftsregister in Verlust kommen sollte, das Material zu einer neuen unanfechtbaren Mitgliederliste zu haben. Wenn die Duplikate der Beitrittserklärungen nicht in einem besondern Buch zusammengebunden, sondern auf losen Bogen abgegeben werden, würden auch sie in dieses Aktenstück aufzunehmen sein.

h) dem Aufsichtsrath die seiner Genehmigung unterliegenden Beschlüsse des Vorstandes vorzulegen und ihn von allen wichtigen geschäftlichen Ereignissen in Kenntniß zu setzen;

i) die in den Vorstandssitzungen zu fassenden Beschlüsse vorzubereiten.

II. Für den Kassirer.

§ 28. Der Kassirer hat die Kasseneingänge in Empfang zu nehmen, insbesondere die Ladenkasse mindestens . . mal[1]) wöchentlich abzunehmen und die Ausgaben zu leisten.

Sämmtliche Einnahmen und Ausgaben sind sofort in das Kassenbuch einzutragen. Von denselben ist der Controleur durch Vorlegung der zu ertheilenden Quittungen und Vermerke, sowie der Quittungen der Empfänger in Kenntniß zu setzen, um sich von der Uebereinstimmung der Bücher mit den Belägen zu überzeugen.

§ 29. Ueber die Einnahme hat der Kassirer in Gemeinschaft mit dem Controleur zu quittiren. Nur über die Ladenkasse ist er allein zur Quittungsleistung gegenüber dem Lagerhalter bevollmächtigt. Ausgaben dürfen nur gegen Anweisung eines zweiten Vorstandsmitglieds, in der Regel des Geschäftsführers, gemacht werden.

§ 30. Der Kassirer ist ferner verpflichtet:

a) folgende Bücher zu führen:

. . . .

. . . . ;

b) in Gemeinschaft mit dem Geschäftsführer für die Aufbewahrung der Bücher, Werthpapiere u. s. w. zu sorgen;

---

[1]) Wie oft die Ladenkasse abzunehmen ist, hängt ganz von den örtlichen Verhältnissen ab. Selbstverständlich wäre es unwirthschaftlich, größere Beträge ungenutzt viele Tage im Laden liegen zu lassen.

c) die Seiten des Kassenbuchs täglich aufzurechnen und nach Abzug der Ausgaben von den Einnahmen auf Uebereinstimmung mit dem baarem Gelde mindestens wöchentlich einmal zu prüfen, allmonatlich das Kassenbuch abzuschließen und den Bestand vorzutragen.

Von der Richtigkeit des Kassenabschlusses muß sich der Controleur überzeugen.

Ergiebt sich bei dem Kassenabschlusse ein Fehlbetrag des „Ist“ gegen das „Soll“, so ist derselbe von dem Kassirer sofort zu ersetzen, während über die Verwendung eines etwaigen Ueberschusses der Aufsichtsrath beschließt;

d) die Quittungsbücher über die Geschäftsguthaben der Mitglieder nach Genehmigung des Rechnungsabschlusses durch die Generalversammlung zu ordnen, die eingegangenen Beiträge nebst der Dividende dem Guthaben zuzuschreiben und letzteres dann auf neue Rechnung vorzutragen.

III. Für den Controleur.

§ 31. Der Controleur hat bei den Kassenabschlüssen mitzuwirken und sonst eine genaue Controle der Geschäftsführung des Kassirers auszuüben, sowie über den Eingang und Ausgang der verschiedenen Waaren sich fortlaufend zu unterrichten.

§ 32. Alle vom Kassirer auszugebenden Quittungen, Schuldverschreibungen, Quittungsbücher u. s. w. hat der Controleur mitzuunterzeichnen.

§ 33. Der Controleur hat alle dem Geschäftsführer und Kassirer nicht überwiesenen Bücher zu führen, das sind:

. . . .

. . . . ;

und ferner Abschlüsse, sowie Auszüge, Berechnungen, Uebersichten u. s. w. für die Halbjahrsabschlüsse und für die Inventuren fertig zu stellen.

b) Instruktion (Geschäftsanweisung) für den Aufsichtsrath.

§ 1. Der Aufsichtsrath hat die Verpflichtung, die Geschäftsführung des Vorstandes und der Beamten des Vereins zu kontroliren, und darüber zu wachen, daß überall in Uebereinstimmung mit den Statuten, Beschlüssen der Generalversammlung und den innerhalb seiner eigenen Zuständigkeit gefaßten Beschlüssen gehandelt wird.

§ 2. Zur Erledigung der ihm obliegenden Geschäfte hält der Aufsichtsrath allmonatlich[1]) zu einer einfürallemal bestimmten Zeit und in einem bestimmten Lokal eine ordentliche Sitzung ab.[2]) Außerordentliche Sitzungen finden nach Bedarf gemäß §§ . . . . des Statuts[3]) statt.

§ 3. Zu den Sitzungen des Aufsichtsraths sind die Vorstandsmitglieder, soweit nöthig, beizuziehen; sie haben alle Aufschlüsse zu ertheilen und die Einsicht aller Bücher, Korrespondenzen und sonstigen Papiere des Vereins, welche verlangt wird, zu gewähren.

§ 4. In jeder auf den Monatsschluß folgenden Aufsichtsrathssitzung hat der Vorstand eine Geschäftsübersicht vorzulegen, welche die Einnahme und Ausgabe des vergangenen Monats, nach den Hauptrubriken bei der Buchführung geordnet, sowie die Veränderung im Mitgliederbestande nachweist.

---

[1]) In längeren als Monatsfristen die ordentlichen Aufsichtsrathssitzungen zu halten, wäre nicht rathsam, weil darunter die Controle leiden würde.

[2]) Zeit und Lokal der Sitzungen in der Instruktion selbst zu bestimmen, wäre nicht zweckmäßig, weil dann jede Aenderung darin erst der Genehmigung der Generalversammlung bedürfte, die nur daran ein Interesse hat, daß die Sitzungen oft genug stattfinden, um eine wirksame Controle zu ermöglichen, und daß das Lokal vom Vorsitzenden nicht beliebig geändert wird.

[3]) Im Musterstatut §§ 26, 27.

Am Schlusse der Rechnungsperiode hat der Vorstand über dieselbe dem Aufsichtsrathe vollständigen Rechenschaftsbericht zu erstatten.

§ 5. Die monatlichen Geschäftsübersichten sind auf ihre Uebereinstimmung mit den Büchern und die Rechenschaftsberichte auch auf ihre Uebereinstimmung mit der Inventur und den sonstigen Belägen vom Aufsichtsrathe sorgfältig zu prüfen.

§ 6. Die Beaufsichtigung jedes einzelnen Verkaufslokals wird je einem Mitgliede des Aufsichtsraths ständig oder abwechselnd übertragen.

Dasselbe übernimmt dadurch folgende Verpflichtungen:

1. über die zweckmäßige Aufbewahrung der Waaren sowie über die Reinlichkeit des Lokals zu wachen;
2. die Instandhaltung der Wagen und Gewichte und die vorräthig abgewogenen Waaren auf Richtigkeit zu prüfen;
3. sich von dem Vorhandensein und dem guten Zustande der im Lokale befindlichen, in einem dem Lagerhalter übergebenen Utensilienlagerbuche verzeichneten Inventargegenstände zu überzeugen.

Ueber die Ausübung dieser Obliegenheiten hat das Aufsichtsrathsmitglied der ordentlichen Aufsichtsrathssitzung mindestens vierteljährlich einmal kurzen schriftlichen Bericht zu erstatten, etwaige Mängel, deren Beseitigung es dem Vorstand anheimgegeben hat, dabei hervorzuheben und nach Befinden bezügliche Anträge beim Aufsichtsrath zu stellen.

Persönliches Eingreifen durch Weisungen an das angestellte Personal hat zu unterbleiben, es sei denn Gefahr im Verzuge.

§ 7. Zu den regelmäßig mit dem Rechnungsabschluß stattfindenden ordentlichen, sowie zu den je nach Bedarf, aber mindestens jährlich einmal, angeordneten außerordentlichen Inventuren hat der Aufsichtsrath außer dem zur Zeit in dem betreffenden Verkaufslokal die Aufsicht führenden Aufsichtsrathsmitglied in der Regel noch ein weiteres zu bestimmen.

Vor Beginn der Inventur hat der Lagerhalter zu Protokoll zu erklären, ob alle dem Verein zugehörigen Gelder richtig vereinnahmt seien, und wenn nicht, welche Beträge, und aus welcher Veranlassung, noch ausstehen.

Demnächst erfolgt die Abnahme des baaren Kassenbestandes, welche zu Protokoll vermerkt wird.

Bei Feststellung der Waarenvorräthe haben die Aufsichtsrathsmitglieder namentlich darauf zu achten, daß

1. sämmtliche vorhandene Waaren genau aufgenommen und dieselbe Waare nicht zweimal aufgenommen wird,
2. die doppelt geführten Inventurlisten in ihren Angaben miteinander übereinstimmen, etwaige Differenzen vor Abschluß des Protokolls ermittelt und ausgeglichen werden,
3. etwaige Einwendungen des Lagerhalters gegen die in die Inventurliste eingetragenen Quantitäten einzelner Waaren sofort durch wiederholte Feststellung derselben erledigt werden.

Die Inventurprotokolle sind von sämmtlichen Mitwirkenden einschließlich des Lagerhalters zu unterzeichnen. Die Inventur der in den Händen des Kassirers befindlichen Hauptkasse erfolgt durch 2 hierzu beauftragte Aufsichtsrathsmitglieder an demselben Tage wie die Inventur des Lagers so, daß eine Vermengung der Hauptkasse mit der Ladenkasse ausgeschlossen ist.

§ 8. Der Aufsichtsrath wählt eine Revisionskommission von wenigstens zwei seiner Mitglieder, deren besondere Pflicht es ist, als Organ des Aufsichtsraths die sämmtlichen Bücher des Vereins, die Kasse und den Rechnungsabschluß unter Zuziehung des Vorstandes in eingehendster Weise zu revidiren.

Die Revisionskommission führt über ihre Thätigkeit ein Tagebuch, in welches sie ihre Protokolle einträgt. Aus denselben muß der Umfang der vorgenommenen Revisionshandlungen, die dabei betheiligten Personen und die Arbeiten, welche dieselben im Einzelnen ausgeführt haben, sowie das Ergebniß der Revision ersichtlich sein. Auch die Antworten des Vorstandes auf die nicht von kurzer Hand zu erledigenden Monita sind in dieses Tagebuch einzutragen und letzteres bei Beginn der nächsten Aufsichtsrathsitzung dem Vorsitzenden vorzulegen.

Die Revisions-Kommission hat ihr besonderes Augenmerk zu richten:

1. auf die Kasse.

a) Es muß allmonatlich mindestens eine unangesagte Kassenrevision vorgenommen werden, wobei die Uebereinstimmung bezw. Nichtübereinstimmung des Bestandes mit dem im Augenblicke des Kassensturzes vorzunehmenden Abschlusse des Kassenbuches sowie des Depots mit dem Kautionen-Conto festzustellen ist.

b) Es müssen die Kassenbelege in Bezug auf ordnungsmäßige Anweisung und Quittirung seitens des Empfangsberechtigten, sowie darauf geprüft werden, ob sich die Ausgaben innerhalb der dem Vorstande durch die Statuten oder durch Beschlüsse der General-Versammlung oder des Aufsichtsrathes gezogenen Grenzen halten.

c) Für die Revision der Einnahmeposten aus dem eigenen Geschäfte dienen zur Vergleichung die vom Kassirer dem Lagerhalter ausgestellten Quittungen (im Lagerhalterbuche); ebenso für die Einnahme aus Markenverträgen, die bei der Umwechslung ausgestellten Abrechnungen im Lieferanten-Controlbuche.

2. auf die Geschäftsguthaben-Conten der Mitglieder.

a) Es muß an der Hand des Kassenbuches die richtige Uebertragung der von den Mitgliedern gemachten Einzahlungen erwiesen werden.

b) Es ist die Kapitaldividendenberechnung nachzurechnen und nach der über die Waarenentnahme der Mitglieder geführten Controle die richtige Gutschrift der Ertragsantheile zu ermitteln.

c) Die Gesammtsumme aller einzelnen Geschäftsguthaben muß mit dem Saldo des Geschäftsguthaben-Contos im Hauptbuche übereinstimmen.

d) Von Zeit zu Zeit ist eine Anzahl von Mitgliederbüchern zum Zwecke der Vergleichung mit dem Hauptbuche einzuziehen.

3. auf die buchmäßige Controle der Waarenbestände.

Es ist festzustellen, ob sämmtliche laut Kassenbuch, sowie laut der eingegangenen und nach dem Datum geordnet aufzubewahrenden Fakturen gekauften Waaren so zur Verbuchung gebracht sind, daß sie als aktive Bestandtheile des Waarenlagers erscheinen; die Summe des Ausganges an Waaren ergiebt sich aus den Abrechnungen mit den Lagerhaltern unter Zuziehung der ohne Vermittlung des Lagers verkauften und aus dem Kassenbuch zu ermittelnden Posten. Die Differenz zwischen den eingekauften und verkauften Waaren giebt den buchmäßigen Sollbestand, von welchem der bei der Inventur aufgefundene wirkliche Bestand nur ganz unwesentlich abweichen darf.

4. auf die Lagerhalter-Contos.

In Bezug auf Gewicht und Preis der übergebenen Waaren, Buchung und Umrechnung der Abgabe des Erlöses und der Rücklieferung.

5. auf das Hauptbuch.

Außer der rein rechnerischen Thätigkeit durch Aufrechnung und der Richtigstellung der Ueberträge hat hier der Revisor sein Hauptaugenmerk darauf zu richten, daß jeder Posten stets im richtigen Verhältnisse zu dem Conto-Inhaber gebucht ist, der ihn zu zahlen oder zu erhalten hatte — mit anderen Worten, daß er richtig ins Soll oder Haben gebucht ist. Die auf den Conten des Hauptbuchs sich ergebenden Abschlußsummen (Saldi) bilden die Grundlage der Bilanz und sind daher mit dem zum Zwecke der Aufstellung derselben gemachten Auszuge zu vergleichen.

6. auf die Kalkulation der Inventuren der im Hauptlager (Magazin), sowie in den Verkaufslokalen vorhandenen Waaren.

   Der Werth der vorhandenen Waaren muß, unter Zugrundelegung des Einkaufspreises berechnet, übereinstimmen mit dem Saldo des Waaren-Contos im Hauptbuch. Für solche Waaren, welche seit ihrem Eingang in das Vereinslager rückgängig im Marktpreis oder sonst minderwerthig geworden sind, sind entsprechende Abschreibungen vorzunehmen.

7. auf die Bilanzaufstellung.

   Die Bilanz muß in den einzelnen Posten auf ihre Uebereinstimmung mit dem Hauptbuch und mit der Inventur, sowie auf die Bestimmungen des Handels-Ges.-B. und des Statuts geprüft werden.

8. auf Beobachtung der gesetzlichen Vorschriften.

   a) Daß die Beitrittserklärungen den gesetzlichen Anforderungen entsprechen, in je einem Exemplar von jedem Mitgliede bei den Vereinsakten zurückbehalten werden und das andere Exemplar rechtzeitig [1]) dem Gericht eingereicht ist.

   b) Daß die Kündigungen der Mitgliedschaft nach den gesetzlichen Vorschriften rechtzeitig zur Eintragung ins Genossenschaftsregister eingereicht werden.

---

[1]) In § 11 Abs. 3 des Musterstatuts ist die Einreichung der Beitrittserklärungen immer für den Monatsschluß vorgesehen.

c) Daß bei der Uebertragung der Mitgliedschaft (§ 74 des Genoss.-Ges.), bei dem Erwerb weiterer Geschäftsantheile (§ 131 daselbst),[1]) bei der Ausschließung von Mitgliedern (§ 66 daselbst) die gesetzlichen Vorschriften genau befolgt sind.

d) Daß der Tod von Genossen (§ 75 des Genoss.-Ges.) ohne Verzug dem Gericht angezeigt ist.

e) Daß die Benachrichtigungen des Gerichts über die Eintragung neuer und die Löschung bisheriger Mitglieder sich in guter Ordnung befinden und auf Grund derselben das Verzeichniß der Genossen mit der gerichtlichen Liste sich in Uebereinstimmung befindet.

f) Daß die § 31 und § 133[2]) des Genoss.-Ges. vorgeschriebenen Veröffentlichungen rechtzeitig erfolgt sind.

g) Daß rechtsgiltig von der Generalversammlung beschlossene Statutenänderungen dem Gericht angemeldet, und die Eintragung derselben dem Verein seitens des Gerichts angezeigt ist.

h) Daß der Vorstand alle sonst[3]) ihm übertragenen Obliegenheiten gewissenhaft erfüllt hat.

---

[1]) Der Erwerb weiterer Geschäftsantheile ist nur bei Consumvereinen mit beschränkter Haftpflicht gesetzlich statthaft.

[2]) § 133 findet nur auf Consumvereine mit beschränkter Haftpflicht Anwendung.

[3]) Unter a—e sind die Punkte einzeln aufgeführt, auf deren Beobachtung seitens des Vorstandes der Aufsichtsrath sein besonderes Augenmerk richten soll, weil dieselben für die Evidenthaltung des Mitgliederverzeichnisses von Bedeutung sind, um welches sich aber erfahrungsmäßig die Aufsichtsräthe bisher oft garnicht gekümmert haben. Hierzu sind auch die §§ 26—29 der Bekanntmachung des Bundesraths vom 11. Juli 1889 zu vergleichen. Es sind aber damit noch nicht alle Obliegenheiten des Vorstands, selbst nicht diejenigen, die sich auf Erwerb und Verlust

§ 9. Ueber die Haftbarkeit der Mitglieder des Aufsichtsrathes der Genossenschaft gegenüber wegen entstandenen Schadens bestimmt der § 39 des Genoss.-Ges. Folgendes:

Die Mitglieder des Aufsichtsrathes haben die Sorgfalt eines ordentlichen Geschäftsmannes anzuwenden.

Mitglieder, welche ihre Obliegenheiten verletzen, haften der Genossenschaft persönlich und solidarisch für den dadurch entstandenen Schaden.

Insbesondere sind sie in den Fällen des § 32 Abs. 3 zum Ersatze der Zahlung verpflichtet, wenn diese mit ihrem Wissen und ohne ihr Einschreiten erfolgt ist.

Die Ansprüche auf Grund der vorstehenden Bestimmungen verjähren in fünf Jahren.

---

der Mitgliedschaft beziehen, erschöpft: so wird der Aufsichtsrath auch darauf zu achten haben, ob über die Aufnahme neuer Mitglieder vom Vorstand ordnungsmäßig Beschluß gefaßt ist, ob von den neuen Mitgliedern die Einzahlungen auf den Geschäftsantheil, namentlich die erste Einzahlung geleistet ist, oder ob es vielleicht Mitglieder giebt, die gar kein Geschäftsguthaben haben u. s. w., Alles dies einzeln hervorzuheben, würde zu weit führen; deshalb soll durch Litt. h der Aufsichtsrath darauf hingewiesen werden, sich bei den Revisionen über die Erfüllung aller Vorstandspflichten genau zu unterrichten.

Alphabetisches Sachregister.

(Die Zahlen bedeuten die Seiten, wenn sie **fett** gedruckt sind, und die dahinterstehenden Zahlen die Paragraphen oder Erläuterungen zu den Paragraphen auf den vorhergehenden Seiten.)

Druck der Norddeutschen Buchdruckerei, Berlin SW., Wilhelmstr. 32.

FSC
www.fsc.org
MIX
Papier | Fördert
gute Waldnutzung
FSC® C083411

Kolibri 360 GmbH
Ferdinand-Jühlke-Straße 7
99095 Erfurt, Deutschland
produktsicherheit@kolibri360.de